PARA UNA ECONOMÍA HUMANA.
REVERTIR LA MESA!

(Ponga la cubierta)

RESUMEN

Prólogo

Para actuar sobre la economía de un país, para ir en la dirección del progreso, considera la posibilidad de la felicidad, debe ser que los líderes del país tienen la voluntad y los medios. Oro actualmente la mayoría de los países de la Unión Europea, están paralizadas por la obligación debida a los tratados europeos a dar prioridad a la reducción del déficit presupuestario, que todavía se conoce como un freno en el crecimiento así al progreso. Una serie de pasos importantes, sugirió en el capítulo "Cómo derrocar la tabla" cambiaría la situación, en otras palabras sería eliminar lo que en el sistema económico estaba descarriado por décadas en beneficio particularmente Unidos a la disminución en los gastos financieros. El crecimiento en Europa es baja o incluso invertida en algunos países. Antes de proponer medidas para reactivar la actividad económica, volveré sobre los fundamentos que determinan los y en la lógica de su funcionamiento. Entre las principales medidas que abogo, dos son importantes: reconectar con fordismo (renta pequeña específica) para el crecimiento y establecer dos monedas nacionales para controlar los flujos financieros depredadoras.

El fundamental

Entender la economía es analizar el sistema básico que va desde la producción al consumo y a la producción, en un ciclo permanente que se remonta a la aparición del hombre sobre la tierra. Cuando el homo erectus se convirtió en homo sapiens, él desarrolló herramientas para mejorar el desempeño de sus labores necesarias para su supervivencia. Entonces inventó una herramienta sofisticada, moneda, para evaluar los resultados de su trabajo con el fin de intercambiar fácilmente sus productos con los de sus congéneres. Este sistema de comercio permitido todos a disfrutar de las mejoras recíprocas. Nacimiento de los mercados. Algunas llenas de imaginación tienen siquiera *comenzado* a intervenir en el proceso de producción-consumo, con la preocupación que aumentan el rendimiento y algún beneficio para sí mismos. Nacimiento de negocios y el capitalismo por la acumulación de estos beneficios. El "homo aeconomicus" nació con su doble vertiente, una promesa de riqueza bajo tensa por la progresión de estos beneficios, pero vinculados al último robo al menos parcialmente de intermediarios que se comprometió a intervenir en este proceso. Los vivos, la servidumbre feudal han cambiado en apariencia, pero sin cambiar el fondo: alienación debido al trabajo no ha desaparecido para la población de trabajadores.

Entender cómo "funciona" cómo manejar esa herramientas supongo que lo que originalmente impulsa producción-consumo cíclico del sistema, en este caso la fuerza de trabajo. Siempre, en efecto, crear suficiente para satisfacer las dos necesidades existenciales del hombre sobre la tierra: su **alimento** y **protección**, en todos los sentidos de los términos, en cualquier forman o no. **Comunicación**, un sistema de símbolos (lenguaje y figuras) ha usado para estos propósitos, y utiliza cada vez más indispensable para proporcionar la satisfacción de sus necesidades. Esto es para informar sobre los valores que se unen y cómo cambiarlos, es decir, con la moneda como herramienta. Usted deducir que la economía es un sistema de información, término genérico que se aplica a cualquier proceso para obtener un producto, equipo o no, con el fin de conocer el valor, luego modificarlo y pasarlo.

La economía humana

Economía de una empresa como la de un país no puede resumirse en esta una alianza, cifrado y lenguaje del valor de la producción. Todas estas acciones sistémicas ciertamente llama la producción, pero uno darían una visión incompleta de la economía de la interpretación única de su codificación. Lidiando con el pasado, no totalmente explica el presente, puede hablar de predecir el futuro, ya que debemos detener cualquier proceso para poder examinar los resultados (ver recuadro). Pero lo que caracteriza la vida económica, es precisamente el movimiento, mano de obra. El estudio de la economía en este libro que se construirá en el *sistema de información,* de los valores que hacen funcionar, su dinámica de intercambios y especialmente en el hecho de que es el hombre quien anime. Usa el dinero que, curiosamente, como se verá en detalle, no es la realidad, - este es el problema, sino una abstracción matemática que representa. A dirigir las fuentes de sistemas, a saber los objetivos de quienes han determinado su creación. Revertir el proceso de economistas tradicionales que analizar los resultados para entender las decisiones que se tomaron en el origen.

Estos son individuos que actúan directamente en la economía[1], por sus compras, o ejecutivos responsables de la gestión de sus países que reciben dinero de los mismos individuos, sus decisiones no son neutrales. Guían la economía como consecuencia de las decisiones, cuya validez no puede ser garantizada. Lo que todavía puede permitir algunas predicciones, pero solamente en el muy corto plazo (ver recuadro). El conjunto de la sociedad, formado por los consumidores particulares, aún se maneja. Son dependientes de sus necesidades. Utilizando el método que tiene curso de computación - seguir el camino de los datos y resultados de las fuerzas que impulsan los - es posible proponer varios modelos económicos que deben permitir a las autoridades a elegir lo que ellos piensan es lo mejor para lograr los resultados esperado. La dificultad es sea aún a favor del progreso humano y en qué medida. Siempre habrá incertidumbre sobre la evolución del proceso en el mediano y largo plazo para el desarrollo global, debido a contingencias, las circunstancias externas que pueden influir en el curso. Estos procesos son sistema. Es desde esta perspectiva, el control posible del sistema económico que lleva esta prueba.

La predicción en economía

Es imposible producir modelos predictivos, puesto que la eficacia de un sistema es probada 'a posteriori'. Estadísticas económicas por no dar la sensación de que después de correr, sólo puede ir hacia adelante probabilidades en el buen propósito. Independientemente de sus estructuras, plantillas de controles y correcciones en el corto plazo.

Los sistemas tienen objetivos espera que sigan las indicaciones previstas en el programa original, pero sin prejuzgar los resultados que siguen siendo influenciados durante esta evolución. Sus diseños siendo circunstancial, aunque basado en experiencias

---

pasadas, el material y el intelectuales resultados son al azar.

A la pregunta sobre el 'cómo' del funcionamiento de los modelos propuestos, uno percibe la responsabilidad política de los líderes y gestores económicos. Su lógica aparece claramente.

Como primer paso, la economía será así vista como un sistema mecánico productivo porque al azar que utiliza dibujado humano *de la fuerza* de la naturaleza misma para satisfacer las necesidades existenciales primeras del mencionado anteriormente. Pero tan importante como necesidades materiales, necesidades espirituales son infinitas. Los productos correspondientes a esas necesidades serán siempre a reinventar. Por lo tanto, considerar la economía también bajo aprehensión de algo, porque es la psicología-, que el comportamiento de todos los **actores** responsables de la toma de decisiones de la actividad humana en su país: por qué algunas necesidades espirituales o físicos, permanecen insatisfechas por al menos una parte de la población. ¿Cuáles son las consecuencias sociales.

De hecho neoliberales del pensamiento único creen que la depredación social, incluyendo el desempleo masivo y la pobreza, a menudo exacerbada por la crisis, son inevitables, naturalmente inevitable. Aquellos que no ven ninguna alternativa para el sistema económico liberal[2]—como existe en los países modernos. El "pensamiento único" ve una versión del sistema económico y político liberal establecido en nuestras democracias occidentales para satisfacer las demandas de la población, sabiendo que solamente una porción de nuestras sociedades cada vez más diversas será beneficiosa. Las desigualdades que el resultado sería natural. Depredación baja durante los períodos de crecimiento, sería vano dicen, tratando de dominar las desventajas generadas por la raza gratis las ganancias. Para ellos el equilibrio entre las fuerzas que impulsan la economía debe estar solo, tarde o temprano. Hablando de desempleo, algunos los economistas lo llaman cínicamente la variable de ajuste. Esta es la opción de estos economistas monetaristas ortodoxos que quieren ignorar la parte humana de la economía, contrariamente a social-economistas, conocido como heterodoxos.

Por lo tanto, examinará la economía también desde el punto de vista del comportamiento a veces errático de los tomadores de decisión. ¿En particular, debe el estado intervenir?

Funcionamiento del sistema macroeconómico

Está bajo productivos impulsos permanentes que se desarrolla la actividad de un país moderno. Los personajes que interpretan sus valores rendir resultados[3] en su desarrollo económico, dependen, en parte, factores psicológicos. Fluctuando por naturaleza, será apenas posible anticipar. ¿Puede ser bueno su funcionamiento habitual para dirigirlo en el mejor?

Información, dándole un nombre a algo con valor, le da vida no lo sería espiritual. El filósofo francés Bergson dio el nombre de "impulso vital" a la actividad del hombre sobre la tierra. Desde la **formación** del universo, cada elemento que se maneja en nuestro planeta, cada partícula elemental, es energía información que desde sus inicios, ha evolucionado independientemente en los sistemas interconectados, (encadre1). Hombre, a través de su inteligencia e imaginación, intervenidas en su sistema ambiental mediante la modificación de la organización de estas fuerzas a su ventaja.

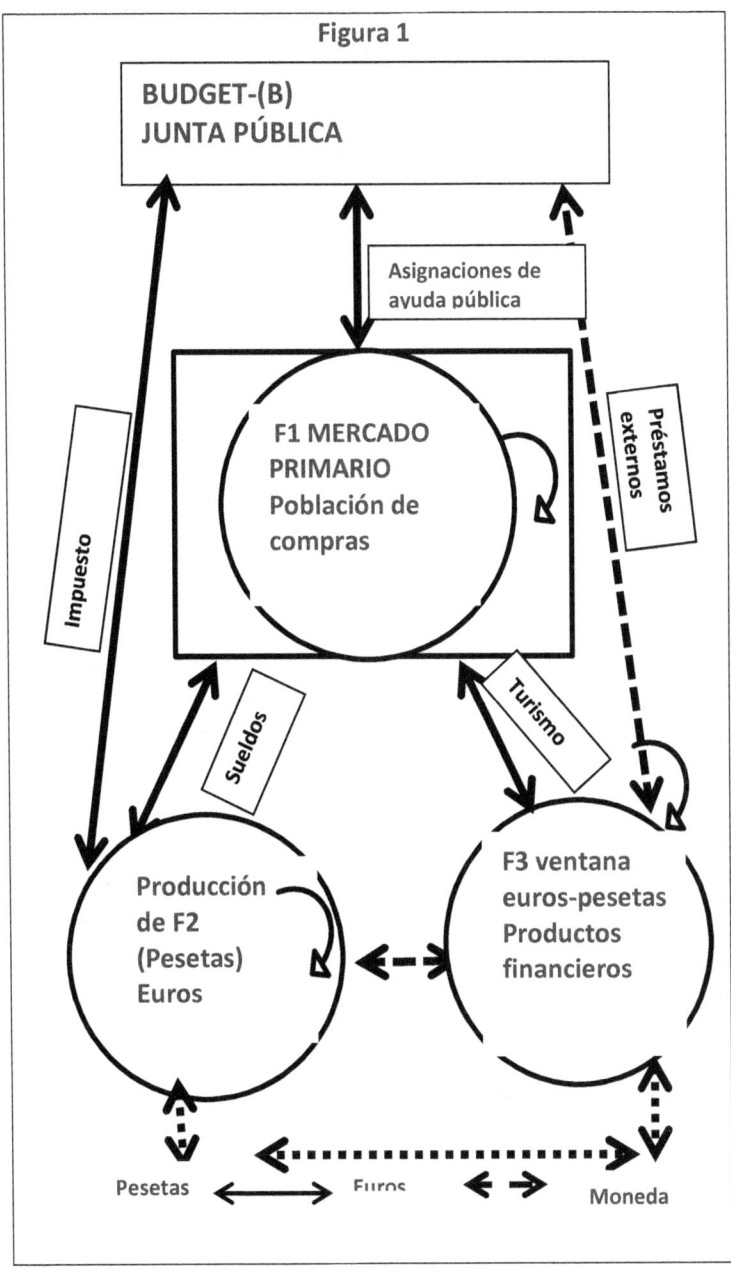

Figura 1

BUDGET-(B)
JUNTA PÚBLICA

Asignaciones de ayuda pública

F1 MERCADO PRIMARIO
Población de compras

Préstamos externos

Impuesto

Sueldos

Turismo

Producción de F2 (Pesetas) Euros

F3 ventana euros-pesetas Productos financieros

Pesetas   Euros   Moneda

Las decisiones que se extienden este impulso vital, responde a múltiples opciones sobre cómo manejar estos valores en la sociedad. Se toman por cuatro actores principales, cada uno con sus propios objetivos, definidos por su función y sus propios intereses: la población como un todo, negocios, finanzas y el estado (Figura 1). Estos grupos son categorías sociales que recibe el dinero que fluye después de intercambios de bienes, cambiar estos valores antes que repartirlos, así influir en el curso. Cada grupo social aumenta la presión en su propio 'interés', sin mencionar el estado que, generalmente maestro de la moneda, puede dar más fuerza a su tráfico, su creación única. Dio un nombre a este sistema dinámico: monetarismo.

Por lo tanto, este estudio examinará la fuente de las fuerzas de transformación de una forma u otros, originales, productos con las características esperadas.[4] es la satisfacción de las necesidades vitales mencionados anteriormente, alimentar, proteger y comunicarse, que son la base de los sistemas de producción. Insisto en un aspecto esencial de la actividad: es no como productos de hardware, pero también necesita el *placer, felicidad, arte, cultura y todos los servicios,* que son cada vez más presentes en un país moderno, espiritual y moral y que *compró* acompañar bienes materiales[5] alimenta este famoso 'producto interno bruto"(PIB) que a menudo sirve como una referencia a los economistas. ".. .por muchos estudios han demostrado el efecto multiplicador de cada euro invertido en cultura [6]" sin duda una economía moderna del estado se traduce en números, como para una empresa pero imperfectamente. Esto es debido al papel paradójico del sistema monetario, distorsionar, como veremos (capítulo "el sistema paradójico del dinero") desde el principio, los valores de los productos de intercambio.

Así que voy a intentar entender lo más simplemente posible, a aquellos de mis conciudadanos que la palabra de la economía puede hacer retroceder, funciona ya que estaba codificado por el dinero, pero.. .sin figuras. Es decir, de las relaciones entre los sistemas, sólo los procesos comprometidos, sólo los funcionarios solo intenciones facultada para procesar la información para obtener los productos deseados. Revisitando el monetarismo este ángulo debe abrir una ventana para los no iniciados en un mundo donde revisar explicación suficiente del engranaje de los sistemas y subsistemas que se ejecutan. Este punto de vista me permitió vincular entre ellos, según sus diferentes acciones, cuatro actores responsables de esta operación. Cada 'tratamiento' sufren moneda tiene un impacto en los demás. Los economistas alcance implícitamente entender lo que ha generado, pero el análisis de las fuentes es más complicado, porque a menudo complejas[7]. Analizando el proceso desde sus inicios, quién hace qué, por qué [8]. ¿Quién puede ser usado? ¿Qué hacer ahora para poner la economía al alcance de todos?

De este estudio, atraeré diagramas de modelado de esta operación. Estos son modelos que pueden dar a quienes nos gobiernan, el método que puede guiar el desarrollo económico y político de su país en más o menos favorables a la compañía entera, o sólo a ciertas clases sociales. Así ofrecerán una nueva, más exacta y mejor iluminación a los gobernados.

El engranaje vincular dinero con sistemas vitales de la actividad en nuestro país moderno, ha sido analizada por J.M. Keynes en su famoso libro "Teoría General del empleo, la moneda y el interés" analizó principalmente estos tres aspectos del funcionamiento de la macroeconomía, con lógica matemática que refleja la actividad de un mundo físico en movimiento[9]. Sin embargo tomó ciertas distancias con los resultados de sus análisis asumiendo la influencia de la psicología de los agentes en cuestión, la de la población, empresas, estado y finanzas.

Punto de vista que llevo a mi cuenta en este juicio, pero con énfasis en el papel especial de las decisiones de estado, quedando entendido Hacienda se mantuvo bajo el brazo a través de un Banco Central. Cualquier decisión conducente a un acto (de compra) en la sociedad es intencional tan psicológico. Nos encontramos con este aspecto esquematizado en las figuras 2 y 3 bajo el nombre de "confianza". Es la confianza que influyen en las inversiones, haciendo posible crecimiento. *a la inversa, ¿cuáles son los resultados de las inversiones que inducen la confianza en el futuro*[10]. Que a su vez implica la especulación, este término en su sentido etimológico: mirar hacia el futuro.

Hay dos clases de especulación, uno que está involucrado en el trabajo, y que esperamos una actuación puramente financiera. Por lo tanto, distinguir dos sistemas monetarios, que son apoyados por cuatro decisiones que tienen el poder para transformar dinero y redirigirlo. Revisitando el monetarismo este ángulo debería abrir una ventana al mundo capitalista donde interpretación de las estadísticas no siempre da cuenta de las reacciones de muchos sistemas y subsistemas, originalmente estos resultados.

Voy a introducir tan temprano como ahora el concepto de dinero ficticio, mostrando los déficits presupuestarios nacionales... son secundarios. Dinero, como un indicador de valor, avance ha sido siempre tan oculto, como un instrumento indispensable. Para probar que propongo analizar la deuda soberana que preocupan a la mayoría de nuestros líderes actuales. Yo me expando este aspecto de la ficción de moneda más tarde. (Capítulo "El sistema paradójico de la moneda").

DEUDA SOBERANA

El efecto más común del aspecto ficticio de la moneda es la deuda soberana que es causada principalmente operan los déficits presupuestarios. Esto es particularmente delicado porque la total desaparición de su materialidad. Podría en estas condiciones, el problema de la deuda soberana, aumentando considerablemente en muchos países en el mundo occidental en la actualidad, permitiendo que los acreedores entrar en su cuenta del balance tales afirmaciones (columna actual) como colocado, al menos los de maduración en el corto plazo. Bastaría para suprimir simplemente puramente valor contable, *las escrituras*, de la deuda y sustituirlo con el mismo valor pero registrados como activo en espera[11]. ¿Qué es una falsificación (sin movimientos monetarios reales) en el nivel micro no pueden ser a nivel de un estado soberano. El Banco perdería a los intereses actuales. Todo sucede como si nada había sido prestado. Pero los prestamistas reforzaría sus propios fondos por este juego de escritura simple. Oro actualmente carecen de capital, lo que explica los recientes controles oficiales en los balances del Banco Europeo. Este sistema tendría la ventaja de eliminar (CDS) seguro que los bancos tengan para evitar fallos de sus acreedores. ¿Qué otra cosa no evitó que la explosión de la crisis de las hipotecas subprime en Estados Unidos Automáticamente se reduciría las tasas de interés en esta técnica que no es más que un auto-garantie. Por supuesto que tomaría control de los bancos centrales no hay ningún abuso para la aplicación de esta técnica. Cabe señalar que durante décadas fue aumentada la deuda soberana en la importancia de los intereses acumulados.

13

Luego coloca su dedo sobre lo que es una política fundamental de error (?) por décadas, es decir la prohibición de cada país de la u.E para vencer a moneda[12]. Actualmente los bancos se toman en su propia trampa debido a la excesiva deuda de muchos países que esperan para liberar al presionar sobre la reducción de los déficits públicos, con el riesgo de deflación conocido. Y antes de amortización dificultades que se ven obligados a menores tasas de interés para nuevos préstamos, no sea que también aumentan el endeudamiento total de los países ya ocupados. Lo fortalecería aún más las desigualdades sociales que refuerzan los déficits públicos, en un círculo vicioso difícil de romper, porque financiamos estos déficits aumentando la deuda creciente por este efecto bumerán, estos mismos déficits debido al interés. Esta técnica de reembolso las escrituras falsa sería una manera de restaurar la soberanía financiera de los países que lo adopten. Por supuesto, esta propuesta es sólo una demostración, pero salió al aire en público, tendría el mérito de mostrar que el sistema adoptado por los líderes a favor de los bancos es responsable por la elección de la austeridad: menos gasto, más impuestos, así que desaceleración[13]. Cada acción tiene una influencia sobre otros para que automáticamente se une como fichas de dominó. Desde hace 40 años en Europa, los líderes se introducen en el juego de la banca que era para eliminar cualquier riesgo de inflación[14] que disminuye el informe de préstamos. El BCE ha establecido el objetivo del Tratado de Maastricht: matar a la inflación, disminución de la actividad que es la fuente, al frenar los préstamos a la población, aumentar a Estados cuyo importe es más importante, incluso si eso significa alentando a los empleadores y líderes de empresas, a hacer nada para disminuir las nóminas monetarias. O disminuir el crecimiento, es aumentar el desempleo. Que reduce la compra de por lo menos actividad... '¿Qué es sabio en la conducta de una familia privada pueden ser casi loco en la conducta de un estado grande' Adam Smith (Economista inglés del siglo XVIII) mientras que Margaret Thatcher, hija de Español tendero, lo ha hecho todavía. Como además de Giscard d ' Estaing (familia de banqueros), enemigo jurado de inflación que se ha involucrado en el proceso mismo de rigor con la ley del 3 de enero denominado "Pompidou-Giscard., 1973 Nuestros líderes son casi una locura tratar a nuestro país como una empresa comercial. ¿Pero luego estos acreedores aseguró de ganancias (más préstamo más los intereses), prestará más a los Estados? Por el contrario, puesto que sería seguro. Pero ¿qué importa si el estado anteriormente, eran maestros de la creación de dinero. [15] la inflación? Esto no es seguro ya que los gastos pueden ser actividad de inversión necesaria y como tales productores de riqueza sin aumentar significativamente la inflación. Si las inversiones son son la causa de que no tienen que ser frenado. Es esencialmente la disminución del salario que ha sido eficaz para frenar la inflación. [16] más posibilidad de inversiones con déficit potenciales productivos. Se puede así romper el círculo vicioso déficit-desempleo si genera crecimiento. El endeudamiento del estado disminuye por el retorno de la inversión, tarde o temprano. Tenga en cuenta que crear puestos de trabajo en el servicio público puede considerarse como una inversión porque la nómina aumentando aumenta el crecimiento mediante el aumento del poder adquisitivo. El carácter arbitrario del estado para la población como se explica más abajo, está legitimado por la necesidad de interés nacional. Esta técnica, que tiene pocas posibilidades de ver el día a pesar de su lógica, sería intermedia entre la dinero de creación ad libitum de Estados por la hacienda pública que prevaleció hasta el siglo XX y que existe desde: la deuda soberana dejaría de cadena junto les a los bancos de préstamos.

(Cuadro 1)

Entropía, 1 principio de thermo-dinamización

La explosiva expansión de la formación del universo da un polifacético fuerzas resultantes. Partículas elementales de portador de estas fuerzas, (vectores), explotando al azar han amalgamado y diversificado en las formaciones del universo como lo conocemos actualmente cálidas hacia el frío, dando sentido.

2 º principio de thermo-dinamización

Es el proceso de procesamiento de información válida para cualquier movimiento de sistemas, incluyendo los sistemas vivos, que va primero a un estado a otro.

Estas fuerzas mediante la extensión de estos movimientos han creado vida en nuestro planeta. Sistemas, etapa a etapa, como cualquier ser humano vivos calorías 'Quemaduras' usando estas fuerzas en movimiento en el espacio-tiempo de nuestro mundo. Reducir la fuerza de trabajo y sufrimiento del hombre en el trabajo en la producción de tangibles e intangibles, estructurado por el sistema monetario, es una necesidad vital. Estas fuerzas, lo que permite intercambios entre hombre y naturaleza son valores que se seguirá en la dinámica para darles *significado* .

(Cuadro 2) Leyes experimentales de sistemas

efectos secundarios

- *usar* : cada movimiento, es *sistemáticamente* la pérdida parcial de fuerza debido a la refrigeración universal después del 'big bang'. Cualquier acción destinada a obtener un estado diferente de un estado inicial gracias a la energía calórica, no transmite todo su valor inicial. (Ley de Sadi Carnot). Está tomando en cuenta este efecto secundario, residuo de la energía primaria se realizará el análisis de nuestro sistema económico. Es así que cualquiera incluso viviendo sistema funciona y debe siempre ser recargada. «Residuo» o residuo calórico puede ser reutilizado (reciclaje) en los subsistemas. Pero en todos los casos, causan la basura otra vez. Debilita cada vez más gana tiempo y espacio destinado hacer efectivo el sistema inicial son menos susceptibles.

efectos del apalancamiento

Una herramienta mediante el aumento de la fuerza inicial, gracias a un punto de apoyo, (ahorro de espacio) es una palanca lineal. Se puede mover un objeto pesado con una fuerza relativamente pequeña. Este poder se multiplican si el movimiento es Rotary: ganar tiempo y espacio para obtener los mejores resultados gracias a un rápido retorno de la fuerza. Donde la invención de la rueda y su permanente apoyo puntos.

Cambios

Sólo un punto de apoyo *exterior* permite la reflexión de una fuerza. Seguimiento del movimiento es posible desde un estado inicial o final. Por definición, un movimiento nunca se detiene durante un proceso, por lo menos hasta que la fuerza es aplicada a él.

Cambiamos no un sistema de Gobernación si nada ha sido diseñado por adelantado para este propósito (redireccionamiento). Sistemas deducido los modelos permiten posibles controles y correcciones, pero después de detener el proceso.

Barreras: durante la transición, el sistema puede encontrar obstáculos inesperados provenientes del mundo exterior. Causan disfunciones que pueden ser superadas, pero siempre "fuera", cada sistema, como cualquier herramienta, siendo neutral en el proceso.

Son principalmente trabajadores jubilados (privados o públicos), que, por sus compras, mantienen o desarrollan el crecimiento. Son ellos los que por sus necesidades vitales, estimular la demanda de productos que luego aumenta la riqueza después de los mercados de bienes materiales o no, apoyada y transmitida por la moneda. Por lo tanto, la necesidad para el mantenimiento de la velocidad de la circulación monetaria para esta redistribución por contribuciones en efectivo permanente de los propios actores. Si están en un período de decadencia en la contribución de dinero en efectivo, debe compensarlas.

El estado, los medios más igualitario, normalmente tiene la oportunidad de corregir los errores de los movimientos monetarios por el presupuesto a través de gravámenes, derechos e impuestos. Según las normas en vigor que depende de un Banco Central[17], puede declarar también el nivel de las tasas de interés y así controlar los flujos financieros.

Nuestros líderes son los primeros agentes de desarrollo porque tienen la responsabilidad de producir y distribuir el dinero de la población, que ha visto, es la base de la circulación monetaria, la economía real en constante progresión.

Las responsabilidades en la operación del sistema de circulación moneda, que recuerdo que representa la actividad económica en su conjunto, son tan claramente establecido. Cada uno de los tres jugadores en la F2, F3, B (Figura 1) tiene una fuerte responsabilidad para el papel del dinero (véase capítulo siguiente): tomar ventaja de paso en sus cuentas y traer nueva riqueza, manteniendo los revivir esos valores en el sistema monetario de la producción, para mantener o aumentar su velocidad de circulación. Para entender estas acciones de procesamiento de la información[18], necesitan saber que utilizan esta herramienta (capítulo siguiente: "el papel paradójico de dinero".)

El tratamiento permanente de cada actor de la masa monetaria en movimiento, es actuar sobre los valores de los productos. Por lo tanto cada final de compra mediante la implementación de estas diferentes transformaciones, lleva un valor con una parte del trabajo de valor, una parte del valor financiero y una parte de los impuestos y los impuestos recaudados por el estado, las proporciones que varían desde unas décadas en la dirección de disminución de trabajo valor[19].

A pesar de esta paradoja única que asigna el valor de lo que mide con un instrumento de medición (juez y parte), siguen a confiar en él porque no tiene alternativa: es la paradoja del sistema monetario.

EL PAPEL DE DINERO PARADÓJICA

Monetarismo destaca un papel de dinero cuya masa general se ha convertido en más importante importante desde hace aproximadamente cien años. Este dinero *se somete a los movimientos de valores en cada intercambio de mercancías en el mercado.* Esta función transaccional es un sistema que teóricamente debe atender su propia y futura destrucción, por un fenómeno de contradicción, conocido en el mundo físico debido a la operación de cualquier sistema de sí mismo (cuadro 1). Es un secundario, o desviadas, creado efecto tan pronto como la transformación de un estado a otro (cambio en el espacio-tiempo). Hay una pérdida de energía de la energía del estado anterior, desgaste [20] que término acumulativo, excepto la intervención externa compensatoria, lo detienen[21].

Los valores en movimiento tienen varias direcciones dependiendo de cómo lo utiliza dinero que los transportan. Un desviado del sistema no generalmente aparece al principio de su funcionamiento, pero después de un tiempo en que permanece al azar. No puede demostrarse la eficacia de una acción antes que él han experimentado, condujo a una conclusión exitosa. Los efectos de los sistemas económicos seguirán siendo poco probable hacer por esta solución. El gran número de medidas para lograr este objetivo es la prueba. Los economistas suelen mostrar su desacuerdo sobre qué hacer, pero con el mismo objetivo básico.

Una herramienta es neutral. No hay ninguna razón por qué ha sido diseñado. Pero pueden encontrar obstáculos tan pronto como se activa. Sistemas evolucionan bajo la presión inicial, pero puede cambiar su ruta, más o menos rápidamente y eventualmente a veces radicalmente cambiar los resultados esperados bajo la presión de las circunstancias externas. Donde la ineficacia de algunos[22]incluso sistemas bien diseñados. Fuerza humana explotado por un sistema económico necesita ayuda externa para corregir errores curso político y la cooperación, en el ambiente social en los que opera, para mantener hasta los resultados de su término. En algunos casos puede ser lo contrario de lo que se desea. La peor es que ya lo ha conocido, un círculo vicioso autoperpetúa entre dos sistemas.

Dinero como un instrumento de medición.

Dinero es, en apariencia al menos, la forma cuasi-estable del sistema monetario. Como un medio de comparación permite asignar valores a las propiedades. Pero están cambiando.

Originalmente obras humanas para producir alimentos. Tiene estos productos por la transformación de productos primarios de la tierra, a través de la energía calórica solar: su propia fuerza de trabajo, tema de su comida renueva su comida. Sedentario, inventa herramientas, para facilitar su labor en calidad y cantidad en la tierra antes de él. Que a veces se consigue a través de estas herramientas, *superávit* que será redimido contra varios excedentes de los productores vecinos: el hombre es, como miembro de una tribu primitiva, productor y el consumidor. Practica el trueque de sus excedentes. El cambio es inmediato: Frank y directa, valor-trabajo, contra el valor-trabajo, pero más o menos bien clasificada, como durante un intercambio de regalos, cuyo precio ha aniquilado.

Él era propietario-operador con sus congéneres de la tierra donde le disparó a esta comida. Era su riqueza, adquirido o retenidos, como sea necesario por *la fuerza posteriormente, la ley*. Este principio se mantiene hoy en día porque produce propietarios fueron capaces de aumentar la superficie de sus tierras. Se han convertido en dueños de sitios de producción. Por otro lado, los trabajadores de los productores fueron expropiados. Ellos han sido explotados como dicen los marxistas. El número de propietarios y especialmente la cantidad de producción aumentan con el incremento de la población: más consumidores, productores y más.

Dinero sospechoso

2800 hace unos años, inventó una herramienta, dinero, materializado e indexadas al peso de las monedas o sistema. Plata metálica así identificado y valor cuantificable trabajar por todos de la misma manera, a intercambiar más fácilmente el excedente contra otros productos, en mercados lejanos. Dando un valor convencional cifrado antes de un pozo, más preciso que el trueque, el productor facilita su transporte.

El dinero utilizado como herramienta para el control y valoración de parte del colectivo para el individuo y viceversa, en la circulación de una manera u otra, dependiendo de si teniendo en cuenta el productor comercial / vendedor o comprador individual. Comparación de la herramienta como un equilibrio, dinero no tiene ninguna validez perdurable aunque fue inicialmente una cierta constancia relacionada con su peso. Este símbolo convencionalmente establecido a mayor escala, desde la cifra de la unidad de cualquier moneda, ha sido planeado e impuesta por la autoridad del lugar donde trabajó como un estándar de medición. Información sobre el valor de la propiedad entonces se redirige al individuo. Se *dice*[23] con el dinero una evaluación del *sistema* , señaló en una etiqueta, un producto que por lo tanto valor todavía incierta, tal como decidió por el productor según criterios específicos.

La valoración, el comprador de lado también depende de criterios subjetivos, como el poder adquisitivo de cada uno según sus ingresos y su propia riqueza. Todos implícitamente, consideran como más o menos costoso un pozo cualquiera. Cualquier evaluación de este tipo para un individuo es el criterio de evaluaciones de mercancías similares, más o menos bien almacenadas, por lo tanto siempre aproximan. El peso del dinero que se coloca sobre la balanza puede ser un estándar considerado estable, que es eficaz en el estante no garantiza idéntica a la del productor de pesaje: a cada uno su equilibrio. El comprador que no está presente en la evaluación del producto, sufre inconvenientes.

Se necesita para que los cambios hechos por más numerosos intermediarios en la cadena de producción que fijan sus precios según los criterios son específicos de su negocio. Incluyendo la calidad y rareza tienen un lugar destacado. Que abre la puerta a las diferencias y abusos en los contratos, cada uno con su propio equilibrio, lo cual, les recuerdo, es una herramienta de medida simbólica particular y común, aún como una herramienta para el intercambio común. ¿Dónde está el subastador, que sería una especie de árbitro, que se utilice esta herramienta para asignar un valor más exacto, más estable a un pozo, que estaría permitido por todos? Herramienta de comparación no confiable, dinero que asigna un valor a cualquier propiedad puede tener validez como tal, incluyendo al tiempo, porque cada intercambio de valores, que desaparece para reaparecer inmediatamente después de la hora de la transacción.

Como cualquier instrumento de medición funciona cambiando una unidad básica almacenada por un símbolo, para obtener otros valores, también simbólicos, pero *desplazada*, como lo hizo con el ábaco, que utiliza en las sociedades primitivas fue el primer instrumento utilizado para dar diferentes valores de significado simbólico. La cantidad por la acumulación de diferentes símbolos (dígitos), se adapta y así se distingue por su ubicación. Esta operación, mover un valor por otro es un procesamiento de la información. Aquí otra vez, para la evaluación de un producto, el básico trabajo fórmula, es decir, una fuerza desplegada en tiempo y espacio. Este cambio de una inicial valor un resultado, un ***producto*** de diferentes, a veces más importante valor a través de un consumo de energía más poderoso. El cálculo es una manera de cuantificar el valor final: más o menos trabajo para más o menos en valor, que al final le da un nuevo *significado*.[24] se puede decir que la economía es entonces uno de estos últimos valores simbólicos, números y palabras, que evaluación la actividad humana y son ***procesadas y retirado*** para que esta información es importante después de haber sido agregado a nivel nacional: estas son las estadísticas.

El valor de un bien atribuyéndolo a las piezas de metal que miden la transferencia, esperando recibir el equivalente de otra propiedad valor (trabajo) pero diverso uso fue priori demuestran inteligencia. Fue suficiente con que el valor de partes duras, cifrada según peso está garantizado por una autoridad superior que sería fabricarlos. Esta garantía podría garantizarse obviamente de una cierta continuidad con su rareza y la dificultad de fabricación. Mantener un rato otro bien material que representa, pero que sostiene en la mano es posible solamente si el pozo nuevo, simboliza no someterse alteraciones, tales como el oro. Dando *confianza* a quienes poseían garantizado para encontrar otros bienes, valores comparables. Esta *calidad* sujeta a monétarisé por dinero de comercio es algo psicológico, SNCF, que hace que la única examinó cuantitativamente macroeconomía en parte irracional.

Hemos visto que el equilibrio lo hizo no certeza a estos resultados comparativos. El símbolo que representa dinero es una aproximación. ¿Cómo estimar con certeza, una variación posible de variación? ¿Cómo entonces controlar esta volatilidad permanente? Sensible a los movimientos extremos, el sistema de dinero, no sólo conduce a accidentes por supuesto.

El proceso de evaluación de una propiedad por la moneda por un lado y su transmisión por otra parte, por la misma herramienta, forman dos sistemas diferentes que interfieren, según el papel atribuido a ellos, que más complejos hasta el punto donde pueden hacer su operación recíproca veneno. De hecho la evaluación de una propiedad que parece obedecer a la ley de la oferta y la demanda tiene un carácter subjetivo, mientras que el proceso de transacción obedece a una orden de destino, un simple medio de transporte impersonal.

Razón para excluir la famosa ley de oferta y demanda, que bajo el pretexto de la libertad de gravamen, iba a ser justo. Pero se hace una ley para regular los excesos y errores. Debe decir por otro lado, "la dictadura" de oferta y demanda de dinero que circula en los mercados.

Puede resumirse como este sistema paradójico: mientras que "en on" transmite un bien medido en valor por peso del metal, 'on' más tarde compra otra propiedad de un supuesto valor idéntico, medido también de esta manera por peso equivalente reconocido, pero uno no transmite el balance que ha equilibrado estos valores. Cifrado monetaria que mide y se mide en los mismos resultados de tiempo son aceptados como bienes inmuebles como falso en parte. Donde la paradoja que ninguna garantía puede corregir esta deficiencia es generalmente baja, va inadvertido.

En el sistema monetario, traduciendo la actividad humana, estableciendo comercio mercados de todo tipo, humana, papel de cambios en la actividad económica, productor o consumidor dependiendo de su posición en la sociedad. Determina si autoriza su posición, al igual que en los tiempos antiguos, la producción y compra de mercancías en un sistema que todavía está distorsionada en la base.

Será todavía imperfecta retener el significado que proporciona cifrado de la actividad humana para deducir la evolución económica, puesto que el instrumento que maneja estos símbolos es imperfecto. La interpretación de los economistas más ortodoxos es cuestionable porque no hay ninguna evidencia de que las figuras que interpretan, de estadísticas, ser justo, menos aún sus predicciones[25]. Factor de distorsión mucho más que otro está implicado en el sistema monetario como una herramienta para el intercambio.

Tomemos el primer método de intercambio de mercancías, de trueque. La evaluación se basó en el trabajo requerido en la producción de cada una de las dos propiedades en confrontación directa, aquí y ahora. Realizó sólo entre las dos partes - un único vendedor y un comprador - intercambios que logró estos dos partidos no podrían extenderse. Gracias al dinero que llamaremos B, un intercambio puede ocurrir entre individuos que ya no están en contacto inmediato. La distancia ya no es una desventaja. Así si A y C son propiedad de aproximadamente el mismo valor, que han considerado en igualdad de condiciones por el arbitraje de dinero B como instrumento de medición, atribuido a ellos con confianza estos valores a pesar del anonimato entre los dueños de la A y C a diferencia del trueque.

Este intercambio es sospechoso por otra razón: la teoría de sistemas postula que el resultado de una transferencia cualquier cambio el valor inicial de un producto debido a la acción: la energía inicial no se procesa completamente. Hay un tiempo de tránsito de la A C y es que el proceso llevado a cabo por B, que se desvirtúan los valores originales. Agregó que cualquier valoración monetaria, es un tiempo de latencia debido a B que sirve como el vehículo para este pasaje de uno a otro estado. Por lo tanto, este intermedio B valor atribuido a los activos por ecuaciones no supone, en realidad el valor total del bien medido, no sólo por la dificultad de apreciación que hemos visto, sino por su inconstancia en la transferencia: este parámetro que aún parecía estar asegurada por monedas en realidad estaba garantizada en ese aspecto por el peso. Pero en la vida en el reino físico sobre el cual depende, hay ninguna precisión, porque la instantánea existe abstractamente, el tiempo calculado en la realidad de un movimiento se mide de manera relativa. El cálculo bajo estas condiciones permanecerán siempre aproximado. Si el sistema de evaluación se someten a un procesamiento perdido en tiempo de desarrollo muy corto por el tránsito de los datos de origen para llegar a su meta monetario juega poco.

Los sistemas de ley describe una ventaja real, aquí el desarrollo económico de los mercados y una desventaja, pérdida de valor, tiró de efecto secundario de buen tránsito sometidos a esta ley. Esta pérdida de valor residual no se dedica sólo a los propietarios de los activos se separan, pero cualquier poseedor de dinero en el largo plazo (véase el recuadro 2). La moneda, como un instrumento de transporte añade así un parámetro negativo, disminuyendo el valor del capital de las ganancias de la producción: la pérdida de su propio valor. Este metro, independiente del valor inicial de la mercancía transportada es una pérdida intrínseca al sistema monetario. Una pérdida que, de todos modos, fue cuando la moneda era sólo sonando y Reino, aunque menos sensible debido a la lentitud del comercio.

Pero el sistema puede transportar valores extremadamente importantes del suministro de dinero en el largo plazo, y en este caso, los resultados están distorsionados más significativamente. A los que usted puede agregar tiempo transporte físico de la propiedad. Pero éste - es conocido, es visiblemente en el cálculo del valor por el productor.

Todo el mundo sabe que el dinero pierde su valor con el tiempo (el tiempo es dinero). Todo buen gerente sabe que debe minimizar sus acciones porque representa el dinero se deprecia con el tiempo. Esta erosión del valor del dólar, natural efecto secundario del sistema es confirmada por la historia de las estadísticas[26]. Esto sugiere que la moneda, que reduciría mecánicamente cada valor de forma imperceptible, es un tipo de engaño.

Los flujos de comercio monetario aumentan las distorsiones del comercio por los valores del movimiento. Insisto en esta inconsistencia en el valor de la propiedad representada por el dinero: determina las desigualdades, mejoras únicamente por cómo será procesar cada depositario mismo momentáneo, compensando los injustos, el valor que recibe, según su posición en el sistema económico: procesamiento de la información será a nivel de los cuatro actores (Figura 1) de medidas compensatorias de las decisiones que influirán en la economía como un todo. La moneda así transportada implícitamente consistirá por lo tanto de los valores de estos tratamientos. Estos actores procesará la corriente que viene antes que ellos en su propio interés: estas son las ganancias de capital que de alguna manera como medida de precaución, además de como mucho.

Roles de los 4 actores

En el sistema de circulación (Figura 1), son que los cuatro subsistemas de control los cuatro actores en cuestión, cada uno en su rol, después se benefician de la maná que trae dinero y retirada, más o menos, en los cuatro "nudos", F1, F2, F3 y B conectadas entre ellas por las flechas. Después de haber sido retirado entonces, dependiendo de su elección, programado para servir a sus propios intereses, ellos prestan una parte de la liquidez en el sistema y relanzar con un efecto de apalancamiento más o menos fuerte. Estos pulsos permiten la moneda para incrementar su velocidad de rotación. El dinero beneficia a los cuatro actores y el conjunto de la economía, después de reexpresión cíclica, trayendo nueva liquidez que son valores añadidos durante los intercambios, contribuyendo así a la actividad total, crecimiento, estancamiento o lo regresión según su nivel.

(Tratamiento de la información de los cuatro actores)
Población (F1)

Es la conciencia colectiva que decide o pasajes al acto de compra de los individuos. Cada comportamiento individual es globalizado después solicitudes comerciales de los productos ofrecieron. Estos están comercializando especialistas que estudian psicología del comportamiento de los individuos más estrechamente para que cada uno le presta atención *presagiando la elección decisiva, es decir,* en nuestras sociedades modernas, todo es crear herramientas para producir lo que puede aportar mejoras a su condición humana (cuadro 3): es decir compras consumidas que se destruyen rápidamente productos terminados, pero incluyendo también todo semi productos durables o sostenible. Este mercado también incluye segunda mano, bienes de la economía subterránea, pero excluye las acciones. Esta es la base de la actividad de la economía en general. Todo va al mercado, y todo comienza de nuevo. La población por los ingresos de todos los orígenes, es uno que tiene la mayor cantidad de dinero en circulación, es actualmente el 60% de la oferta monetaria General en Francia. Pero aunque actor protagónico, que tenía poco la toma de decisiones sobre su aumento. Recoger su valor trabajo transformado y alentar a los productores a reproducirlo por ese solo hecho. Mientras que simples relés de la iniciativa adoptada por otros, comprador consumidor humano hizo seguir su "propensión de la aplicación" como dicho por J.M. Keynes en armonía con sus ingresos. Esta es su manera de procesar la información que recibe: ingresos reacciona más o menos en la velocidad de la circulación monetaria, por lo tanto en el crecimiento. Pero este reprocesamiento es dictada también por hábito. Funciona por elección de los productos que están presentes en los mercados y están limitados por sus valores de mercado. Reinyectar liquidez depende de los que ya se han establecido por los productores y distribuidores. Hago hincapié en el papel crucial de este actor, categoría trabajadores jubilados. Este actor principal, el comprador-trabajador, que no es dueño de la producción, por lo que su salario, tiene poco para ajustar la fuerza de su poder adquisitivo, el nivel de salario declarado por el propietario-productor. Sólo la presión de las huelgas puede transgredirlo. Parada de la producción es entonces un empate para los más ricos, capital, especialmente en épocas de recesión.

El dinero se acumula e inmovilizados capital gracias al superávit que contiene el potencial de valores adicionales. Puede ser reintroducida en la empresa (autofinanciación) o dispersa fuera del negocio. Sólo el estado, normalmente creador de la moneda puede controlar el uso y la importancia de impuestos y control de nóminas distribuidas (SMIC, ayuda y diversos subsidios, salarios de la administración pública) fue él quien estimula la demanda de la empresa capturada permanentemente, pero en un segundo tiempo.

la empresa (F2)

La compañía es un intermediario entre el consumidor y el trabajador, este homo aeconomicus, carácter ambiguo tiene doble juego productor alternativo, debido a que los trabajadores y el comprador, como se ha visto. Invierte en la producción y distribución en los mercados de bienes y servicios por todo lo que existe en este sentido comprar e innovar: estrategia que complementa la estrategia de la demanda[27]. Proporciona resultados aumentó las ganancias de capital a través del trabajo de sus empleados. Pero no del todo: un nodo de 'Informática' es introducir variables y parámetros en la circulación monetaria. Estas son las fuerzas o nuevos impulsos. Si los resultados son positivos, lo aceleran, o si son negativos, lo obstaculizan.

Este es el precio que aumenta artificialmente los valores producidos. El valor del trabajo que fue la causa de este aumento fue en prioridad. Pero se superponen en otros valores-productos más eficientes o mejoras organizativas, que disminuyen las fuerzas necesarias, automatización y otras economías de escala. Siempre que este tratamiento es efectivo sólo si el resultado final de estos movimientos, estas inversiones, todas las empresas cumplen es positiva (PIB). Las ganancias de capital generalmente son redirigidas a dos sectores sociales: hacia los empleados, cuantitativamente en forma de número de contrataciones, o en forma de aumento salarios cualitativamente. Entonces recompensan riesgo (especulativa) que inicialmente se asume el acto de la empresa. El interés de estas acciones es por lo tanto doble en un contexto de libre empresa como parte de los resultados financieros puede devolver multiplicado a los contribuyentes de capital externo si es aplicable. Uno de nuestros últimos presidentes de la República, ha estimado que el dinero ganado por la empresa debe ser compartido en tres partes iguales, 1/3 de los salarios, distribuida entre los accionistas de 1/3 y 1/3 en el estado en forma de tasas e impuestos. Por supuesto esta distribución es totalmente arbitraria. No tiene la libertad de iniciativa empresarial en un sistema de distribución de los resultados presentados a la voluntad de sus dirigentes. Cuando todos los resultados netos de las actividades de todas las empresas, deducción de las ganancias de capital, redistribuidas, reconoce y los impuestos, obtenemos el valor de los cuales puede ser inyectado en la circulación monetaria. Si están en aumento, es la tendencia de crecimiento. El ser más importante el posible aumento en el sistema de salarios. Lo más negativo siendo total a empresarios y accionistas

31

redirección si hay lugar. Es obvio que si las pequeñas empresas o artesanos, la redistribución posible estar sin intermediarios, especie de autofinanciación, el efecto de crecimiento es más seguro porque más directa[28].

Financiero (F 3)

A la luz de lo que se ha dicho sobre el papel paradójico de dinero, podemos decir que como un sistema, el dinero financiero existía desde la creación del dinero propio. Es un pervertido que apareció sólo después de un largo periodo de uso[29]. Trae dinero en forma de préstamos, más a menudo. Un par de veces en subvenciones capital para sus propias empresas. El Banco participa en los recursos del estado en forma de impuestos y los impuestos como un negocio. El impulso dado por la introducción en la circulación monetaria de nueva liquidez está directamente relacionado con los intereses que se solicitan a individuos, empresas y el estado. El interés por lo tanto tiene sentido. Pero él no utilizar mano de obra, financiar con este recurso propio internamente, cuando procesa la información. Reafirmación de los valores ocurre pat financiero las tasas de interés, que también tienen un efecto multiplicador según la importancia de ganancias reinyectadas, indexadas a tiempo. Lo denigra o no, el papel de prestamista es innegable en el aumento de la masa monetaria en circulación. Permite la compra inmediata y así introduce la posibilidad de crecimiento por el impulso dado. Este papel era insignificante hasta la década de 1950. Llegó a ser importante en la compra de bienes raíces y en el campo de la necesariamente caro fabricar como semi duraderos productos de automoción. Más recientemente el crédito al consumo se ha convertido en un factor de expansión indiscutible. Polémica por los ecologistas porque es más a menudo posible de productos de hardware buscan más además de las necesidades energéticas: intercambios internos que lleva cada vez más a todos los países de las oportunidades de búsqueda externa.

(B) estado

Es el único actor cuyo interés no es especulativo, si se utiliza este término en su sentido peyorativo, ya que normalmente con la intención de prestar servicios a la población de la cual se basa, el mantenimiento y la mejora de las estructuras materiales y por la infinita satisfacción de protección organizativa de la sociedad en que vive. Es por su salud y su bienestar. Sin dinero suficiente equilibrio presupuestario es desequilibrada, pero no importa, al menos en el futuro inmediato, si los gastos inyectan suplementos de valores en circulación moneda[30]. Este es el flujo de caja que es prioritario, ya que su efecto es inmediato. Este principio es el keynesiano dando importancia a los gastos. A pesar de la norma constitucional francesa y Europea que es para establecer más estrechamente el balance de sus ingresos con los gastos, el estado pide prestado para cubrir el posible 'agujero' de este déficit. Siendo normalmente el origen de la creación de dinero, puede infundir cualquier cantidad para contribuir a dar impulsos a la velocidad de la circulación monetaria o al menos compensar una posible desaceleración. Responsabilidad en este caso es total. Destaco este efecto que no tengan en cuenta los recursos compensatorios de inmediatos, así que acepte el desequilibrio presupuestario antes mencionados. Recibos, impuestos y cargos[31], vienen además, moderar la importancia del gasto, sabiendo que la mayoría de las muestras está fuera de la circulación monetaria, impuestos y aranceles, para luego volver a inyectar. Es una redistribución, con sin embargo con respecto a los impuestos, el freno de ventaja o dirigir ciertas compras de productos por aumento en el precio final. Técnicamente, el déficit puede ser considerado para ser natural: servir a la población de prioridad tiene un costo. Hacer más temprano para permitir el crecimiento. Tomar un lado que el otro tiene un interés, tomando todo su significado, que es que de la redistribución cuando el objetivo se beneficia o reembolsos de compensación a los gastos de salud. Si este dinero se reinvierte en sectores innovadores, además acelera la actividad en cuestión y recibe más rápidamente los efectos del reprocesamiento en favor (multiplicador fiscal). El estado puede ser productora o financiera (prestamista) y la distribuidora, la reelaboración de sus recursos también tiene un efecto positivo. A cambio recibe los recibos de impuestos. Es decir por qué J.M. Keynes siempre ha defendido F.D.Roosevelt dar prioridad a los gastos del estado como consecuencia de la gran depresión, período de desaceleración, sin demasiada preocupación sobre posibles carencias. En la promoción de este gran trabajo. Son eficaces en la medida en que las inversiones utilizando la mano de obra, aumentan los ingresos tan impuestos.

Los mercados y el capitalismo

Capitalismo productivo

Capitalismo productivo nació al mismo tiempo como los motores de vapor de siglo XX 18 (Denis Papin). Herramientas que han permitido las rápida y grandes cantidades de producción de las artesanías. Sin embargo estos nuevos talleres fueron cuarteados en círculos de minería para estar cerca de carbón, energía necesaria para estos motores. Su territorio fue limitado. Sin embargo, a principios del siglo XIX, los motores eléctricos, más pequeños y más fáciles para alimentar y para localizar geográficamente, seguido de los motores más potentes, permitió el surgimiento del capitalismo por la acumulación de recursos monetarios debido al ahorro de tiempo en la producción que era el lugar de fabricación[32]. Máquinas de tejer estuvieron involucradas con las desastrosas consecuencias sobre el empleo tradicional. Fábricas, han proliferado en América del norte y los tres países europeos, Alemania, EDG Bretagne, Francia cambiando su economía a través de sus recursos energéticos. Sin embargo, empujados por los diversos intereses que animan a actores de la economía, el capitalismo acumulado supera los niveles necesarios para valores de producción de supervivencia reinyectar valores suplementos permanentemente en el sistema de producción. Con la fuerza de la herramienta de plata podría ampliar los intercambios. Los mercados locales se han convertido en nacionales. Lo que explica la existencia de las grandes multinacionales por aumento a largo plazo de estos poderes de producción y extensión de estas acciones en el mercado.

La posibilidad de transmitir en un entorno menos restrictivo, cada vez más distante ya no permiten para mantener intactos los valores pasados como transacciones remotas en tiempo y espacio. El problema es que el cifrado mientras convencional, por lo tanto debe ser garantizado por la fuerza pública, uso de producción lanzada. Quienes eran dueños de los territorios, lugares de trabajo, transmitidas por herencia, o adquirido durante siglos por el poder del dinero, posiblemente fueron sólo ante la competencia de otros propietarios y productores. Fue ampliado en desmotivado por forma adquirida, el equivalente de los excedentes que demandó los señores así explotaron los propietarios de los agricultores. La explotación campesina y trabajador favor el jefe, tiene un origen arcaico, transmitido por el dinero hasta nuestros días.

Apalancamiento y capitalismo financiero.

Cualquier herramienta que sea lo más eficiente posible, transmite una fuerza que puede aumentar a través de una palanca. Ya sea por acortar el tiempo necesario para transformar un producto de un estado por otro estado. Ya sea con un ahorro de espacio y con los dos efectos combinados a menudo. El resultado es a veces una fuerte ganancia de valor relativamente al producto original. Esto ya era el arado que utiliza la fuerza de la carne y el soc, tanto como herramientas para aumentar el rendimiento de los cultivos por el aumento en el área de sembrado. Ahorro de espacio y tiempo en relación con el trabajo que hubiera tenido que proporcionan equipados solamente humanos una pala. Cualquier sistema requiere por lo menos mantener su producción, un aporte permanente de la fuerza que lo (cuadro 1) anima. Cualquier fuerza adicional a esta fuerza de paz, aumenta los valores producidos, puede acumularlas. Esta es una reutilización del valor marginal (ganancia de capital o beneficio) producida que puede mantener o aumentar permanentemente la producción. El impulso dado por dinero, poder, depositario de coche de pasajeros de cualquier valor, cuando invierte en el sistema productivo, es de vital importancia en este proceso de ganar-ganar. Diferentes formas de tratar la información de las fuerzas, es decir, modifican el rumbo y velocidad de los valores que corresponden a las posiciones ocupadas por los funcionarios y el derecho a hacerlo, que han adquirido en la empresa. Este curso monetaria puede compararse a una carrera de relevos con cuatro lugares comerciales, como se observa en los 4 jugadores en la figura 1. Desde sus inicios, el impulso vital crece el progreso humano, a través de su obra para mejor y para lo malo. Es el determinismo de la naturaleza. Si originalmente era su instinto de supervivencia que incitó a trabajar, se ha convertido desde entonces por su avaricia, gracia y por el dinero. De los nacimientos más y más y más y más riqueza producida para que mejoras satisfacer nuevas necesidades: Modernismo es un incentivo mantenida por los productores, se convierten en su condición humana**ley. *Es de alguna manera un desviado de la vida en sociedad sistema.***

La economía es hija de la actividad humana. La economía real es la producción vendida, en el mercado consumidor, tomado en un sentido amplio, es decir, todo puede ser comprado. Como es más posible prescindir de esta moneda corriente en todas partes del mundo, llevará por lo menos el control (capítulo "La tabla de la vuelta").

Después de cada acto de compra, puesto que las mercancías son mal evaluadas, propietarios y productores, financistas, los dueños de la fuerza monetaria, además de la del estado, compensará sobrevalorar propiedad para restablecer un equilibrio general parcialmente disminuido por esta circulación monetaria. Compensación suficientemente ligero como para ser invisible si la tasa monetaria es baja. Aunque mínimo en cada transacción, estas compensaciones son multiplicados por transacciones enorme cantidad convertido llevando a cabo en cada momento en todos los mercados de todos los países. Los maestros del precio a menudo serán anticipar estas pérdidas por el aumento nominal de proyecciones. Es decir, por las ganancias de capital que por lo menos debe corresponder al valor de las tasas de interés. Decretaron por la Hacienda, participará en una conexión permanente compensando las pérdidas de los valores de dinero en el tiempo. Por consiguiente es el origen de la inflación estructural.

El capitalismo financiero es un avatar del capitalismo productivo y la circulación monetaria. Un efecto secundario del sistema, que no aparece en sus etapas iniciales porque es significativo por acumulación y da más además de poder la fuerza centrífuga distributiva (Figura 2). Porque mal repartida riqueza que se retiró por tres actores que tienen la posibilidad de hacer prioridad cada uno por sí mismo. Este capitalismo aparecieron solamente de un cierto nivel de riqueza de los jefes de las fábricas al principio de la industrialización. Esta es la importancia de las masas monetarias que han creado el capitalismo financiero. Los bancos se introducen en el sistema monetario. En particular en el momento de la creación de becas, en el siglo XIX, que reúnen los inversores especuladores para proyectos de mayor desarrollo industrial. Allí se encuentra el templo de la especulación, que se convierte en depredador según los objetivos de la reutilización de las ganancias que produce. Por ejemplo si OPA (oferta de contratación pública) para aumentar el tamaño de las empresas con la reestructuración y la absorción a menudo perjudicial para una porción de los trabajadores excedentes. Alterna el superávit financiero exceso de mano de obra.

Los bancos que control de la circulación monetaria tuvo la oportunidad de utilizar una porción de la corriente que pasa en sus cuentas, préstamos a corto plazo, como un primer paso, para bienes durables, todavía demasiado caros para aquellos cuyos ingresos son insuficientes para comprar en efectivo. Cabe señalar que los préstamos personales son generalizados solamente después de la última guerra. Especialmente para la compra de bienes semi duraderos tales como la industria automotriz, muebles y bienes duraderos, tales como bienes raíces. Los empresarios pueden adquirir herramientas que deberían permitirles pagar sus préstamos más rápidamente y beneficios adicionales. Estas son inversiones de carácter especulativo que pueden ser eficaces, como ' futuro ', si este "retorno de la inversión" es rápido. El sistema económico de crecimiento de la producción aumentó la velocidad de circulación del suministro de dinero ellos mismos en progresión, porque alimenta los suplementos proporcionados por los ingresos por intereses. Capitalismo financiero genera a su vez los efectos secundarios debido a su propio desarrollo: mercados así producen riqueza mercados en crecimiento que aumenta la riqueza en un ciclo permanente. Aumenta la riqueza General, aumentando el comercio en los mercados. Si el estado no interviene por ayudantes y en caso de ausencia o insuficiencia de las contribuciones sobre el trabajo es a menudo mal repartida.

Donde la necesidad de mantener o aumentar **correspondientemente** *el bajo poder adquisitivo y el medio, como principal económico fuerza directa probablemente al equilibrio y regular el sistema. Las desigualdades son reconocidas como en la base de los problemas económicos del país. Este tipo de recuperación es el más eficaz. Siempre que indebidamente descuide la inflación que acompaña necesariamente aumenta los precios relacionados con la actividad, como acabamos de ver. (Capítulo "cómo revertir la tabla")*

Exageración de dinero

Muestra en la figura 2 que la moneda circula casi cerrado circuito - agujas para los productos suministrados - el comprador recibe pero da dinero al distribuidor prospectivo, que lo retransmite más a menudo posible en las etapas correspondientes al número de intermediarios, al productor original. Este sistema unas permite para transportar cualquier producto, material o no, en el sistema monetario de los mercados es bueno circular ya que es la misma suma, el suministro de dinero, pasando de una cuenta a otra, para la venta en la compra, que se utiliza constantemente el comercio de mercancías y apoya la producción: ¿Qué es comprada es una nueva aplicación que esal menos en parte, permanentemente satisfecha por la compra. Estas fuerzas propulsado los compradores y vendedores, sufre como lo ha sido, la ley del desgaste de los sistemas en funcionamiento. Pero por la repetición en un círculo casi cerrado, auto-augmentent bajo el efecto permanente de las fuerzas adicionales de compensación y las inversiones, en el mejor de los casos, una inversión que tiene ventaja porque aumenta la velocidad de la circulación monetaria que lo animan en cada tránsito, gracias a las ganancias de capital de diferentes orígenes, con un efecto bola de nieve en cada etapa del proceso. El efecto de palanca que ofrece cualquier herramienta, por lo tanto es impulsada más por este movimiento porque es circular.

Sin duda el poder del dinero existió desde el momento en que fue representado físicamente distinto por figuras simbólicas en las entradas. Pero la riqueza producida aumentó que poco a poco en una escala reducida por transacción tiempo y dinero metal lento y difícil transporte importante que fue dirigida.

Si nos transponer este sistema en el reino físico, puesto que el dinero se comporta como un vector, la fuerza "centrífuga" debido a la rotación de las fuerzas de la compra en movimientos circulares como cualquier fenómeno de este tipo, tiende a desviar estos valores en el exterior. El equilibrio puede ser desigual entre las presiones de la fuerza centrípeta y fuerza centrífuga. Simbólicamente, la pared del sistema circular de comercio de los productos puede ser considerada tan porosa, una parte de los valores de escapar al espíritu empresarial, las finanzas y el estado y el exterior. La fuerza del dinero que se multiplica por la rotación, devuelve amplificada por el nuevo valor de la propiedad en tránsito al productor que aumentará su producción según la importancia de las compras.

Cada valor monetarised 'cargará' a repetir el curso. Será más o menos difícil y lento si muchas empresas intermedias se deslizó para participar en la distribución tomando participación en el mercado. El valor nominal final del producto se incrementará al menos tomado aprecio cada empresa. Estos subcontratistas cuyo nombre lo muestra claramente como tratamiento (de la información en este caso el precio). Por supuesto es cierto que en nuestro sistema liberal bajo la dictadura, injusta, la oferta y la aplicación debido a la energía de aquellos que tienen el dinero y el derecho de tratar. Pero cada tratamiento, business-to-business compite con otros productores para satisfacer la demanda de una categoría de productos. Es el resultado final de todos los salarios de las empresas que se tomarán en cuenta. PIB ser si uno tomó en cuenta la producción en realidad vendidas y no sólo oficiales declaraciones[33]. Esta redistribución puede ser el aumento regular a largo plazo.

Aceleración puede venir de la oferta, por ejemplo cuando compra de información sobre la calidad, precio, reputación, con frecuencia transmiten anunciando mejoras de incitar a la final (Figura 2). ¿Cuáles son los efectos psicológicos que se toman en cuenta para propulsar el dinero como fuerza complementaria a la de la solicitud inicial. Explica así como la voluntad de los diversos actores que apoyaron las decisiones de pasajes al acto de compra, el gasto globalizado, permite o no *adherencia en un examen físico, psicológicamente transpuesta por la expresión ' **confianza»,** entre el círculo de todos los mercados y el movimiento del comercio en el sistema de productosi*[34]. Capacitación de todos, aceleración o la disminución en la velocidad de rotación depende de esa confianza. Este deseo se basa en los resultados del tratamiento de los actores. Cada acto de compra es de alguna manera una adquisición en el presente y una inversión (especulativa) que es un avance hacia un futuro probable resultado consolidado más o menos. La confianza de los jugadores entonces explica su comportamiento que sea efectiva debe ser recíproco.

Confianza no se decreta extrae de resultados permanentes. Explica el curso de las empresas que crecen hasta convertirse en multinacional por la simple adición del aumento de su capacidad de producción, debido a la confianza de los compradores de los productos y su sostenibilidad. Permite anticipar e invertir en una nueva producción.

Caja Nº 3

La lógica de la economía

Después de leer la *información* sobre la ineficacia de su obra, proporcionado por su *sentido*, el mono que ha tomado demasiado pequeño para romper un coco, una piedra cambia su "sistema de herramienta" tomando una piedra más grande. Después de pensar las fuerzas físicas termales que vienen desde el exterior, tiene **pensado** mentalmente usa gracias a la percepción de sus sentidos. Reflejo de origen físico se convirtió en el cerebro. También quema calorías.

Humanos como cualquier animal, realizar experimentalmente la eficacia de sus acciones mediante sus sentidos. Este puede aumentarlo moliendo o eligiendo una mejor herramienta. Después de ensayo y error, que son todas las *reflexiones*, puede superar los obstáculos. Lo *investigación (inventar)* las herramientas necesarias para la alimentación y *cree que* la *mejor manera* de

---

aumentar los resultados de su trabajo con el examen físico y mental las fuerzas disponibles. Con la invención permanente de nuevas herramientas, humanos aumentaron *voluntariamente*, desde millones de años su adaptación y las oportunidades de mejora existencial al mismo tiempo como su nivel de comprensión. Puede distinguir evaluar, comparar los valores para producir, material y espiritual que le interesan al ***progreso*** en la dirección que ha elegido. La economía que se traduce esta actividad está mecanizada por el trabajo y sigue la lógica de la evolución de la condición humana.

Este aspecto lógico es fundamental en los valores de *procesamiento de la información,* a transmitirse en las redes del sistema económico que rigen las intervenciones de los 4 jugadores en la figura 1. Comportamiento determinado por el nivel de ***confianza*** ante los riesgos de *inversión* - buscar el mejor rendimiento para el productor y el suficiente reconocimiento del valor de los productos al comprador. (Figura 2). Aquí la especulación hace sentido primero esperaba mejor futuras investigaciones.

Vemos que el dinero a través de su movimiento ha adquirido un poder autónomo que permite el aumento de los activos físicos permanentes [35] y espiritual, por auto-reproducción monetaria que acumula riqueza.

Las empresas crecen más fácilmente si las ganancias de capital sean reintegradas internamente como fuerza adicional (autofinanciación). Es suficiente, por ejemplo, que productos se venden más caros. Donde la inflación, debido al aumento de la masa monetaria, perjudicial para los prestamistas (capítulo 'dinero sospechoso'): reembolsos se calcula en el dinero del valor nominal de la época. ¿Cómo explica la presión permanente de agentes interesados (empresas y Finanzas) para disminuir el crecimiento máximo que codifica el nivel de las tasas de interés, responsables de las pérdidas de los valores nominales. También debe tener en cuenta la presión sobre el poder adquisitivo de la población de que el aumento también es un factor inflacionario[36]. Estas ganancias pueden ser debido a la mejor organización interna, o las ganancias de productividad debido a un mejor desempeño de los empleados (la productividad por hora). El mismo producto tal vez ha sufrido transformaciones que también permiten un aumento en los márgenes de la empresa. El consumidor entonces sufrirán las consecuencias por pagar más caros productos ofrecidos. Este nuevo superávit que es decretado por el productor, ya no está atado al valor de la obra principal, sino puramente financiera valor del dinero que es autosuficiente en el mismo tiempo que el mercado de valores intercambiado.

Efectos psicológicos en la circulación de la moneda:

Sobreproducción y las crisis que surgen durante un desequilibrio entre el nivel de reciprocidad de *confianza* de la población de los compradores hacia los productores. Depende de los factores psicológicos que provienen de la satisfacción de los compradores según la calidad y cantidad de la respuesta a su solicitud. Los precios de los productos básicos que varían naturalmente con el tiempo, siendo más entonces el único criterio tenido en cuenta. Figura 2 informó que confianza en la presentación en forma de adherencia física, con respecto a relacionados con fuerzas, resultadas en su sentido figurativo, mencionaron anteriormente, confianza. Ella acompaña permanentemente la moneda en todos sus Estados. Porque este valor psicológico, si la adhesión es insuficiente, hay derrumbes entre movimiento circular y movimiento productivo, causantes de las crisis de la producción (capítulo "y empleo"). Gracias a esta representación del sistema económico I muestra que la economía es un juego que mezcla el negocio tanto físico como psicológico, reunido bajo la expresión común de 'información' en movimiento. En particular vemos cómo hay una reacción en el sistema productivo vinculado a trabajo humano (Figura 3): circulación monetaria es uno que está en la base del empleo, que generalmente olvidamos al considerar, cegado por el sentido de que faculta a la administración a la contratación, diciendo que la empresa "crea" empleo. Abuso de lenguaje que nos permea. Mientras que es sólo una consecuencia, que se convierten sin duda esencial, trabajo productivo ligado al conjunto de "incitar a la aplicación" psicológico que deben cumplirse en todo momento por el sistema económico. Oportunidades para satisfacer la demanda serán siendo todavía al azar según lo definido por la voluntad de la masa de compradores, que depende de su poder adquisitivo actual pero sobre todo futuro y por lo tanto, confianza, siempre en particular sería crédito. Este aspecto psicológico del comportamiento de las poblaciones, (Figura 2 y cuadro 2), es *el elemento clave de la economía que determina la transición hacia el acto de compra.*

La actividad de un país varía y puede ralentizar, sin embargo desaparecer, ya que no se marchiten completamente mientras que hay hombres que viven allí. Hemos visto que invertirlo es especular, es decir, esperan un beneficio adicional de valor a través de un apalancamiento. Hay un riesgo permanente que el efecto de apalancamiento – dinero es inoperante por falta de suficientes ganancias de capital debido a su uso indebido. O la presencia de obstáculos inesperados en los caminos de los sistemas de acción. Que pueden conducir a su pérdida.

Se instala como simple artesano, o autoentreprenor, es especular la esperanza de obtener una ventaja de su obra. Cualquier acto de compra puede ser considerada ser especulativa como subidas de tono: mientras el comprador tomó posesión de la propiedad no puede apreciar plenamente el valor. Incluso en pequeña escala, el precio no es suficiente para conocer la calidad de un producto, satisfacción depende de una valoración subjetiva. (ver capítulo "dinero sospechoso").

Si depende de la *bien o mal uso del dinero reinvertido el riesgo está relacionado con a su volumen en relación con los recursos disponibles para el comprador.* Sólo *confianza* ha ayudado a asegurar una alta probabilidad de previsiones de resultados y la experiencia: permite la decisión menos peligrosa posible. Este voluntarismo psicológico influyen en la economía en general. Fue puesto adelante por J.M. Keynes, quien admitió que el aspecto matemático sólo era suficiente para dar un valor seguro a números y estadísticas.

También utilizó el dinero de herramienta, informó un suplemento en efectivo que puede resonar sistemas en sistemas vinculados, en una reacción en cadena que se desarrolla la actividad. Permite una cierta redistribución en la forma de salarios o prestaciones sociales, si esta redistribución es completamente pasada, la producción aumenta y se expande la economía en todos los niveles[37]. El desarrollo de un país es tan dependiente de este estado de "Providencia" todavía a menudo menospreciado. La decisión política que va en esa dirección tiene un origen psico-económico que va en la dirección del progreso humano, como los del Consejo Nacional de la resistencia (CNR 1.945) deseó.

La desaparición de premios[38] y otras fronteras dio lugar a una necesidad de dinero de lo contrario cada vez más importante para abastecer mercados nuevos. Bajo estas condiciones la fabricación de metal ya no podría seguir por los boletos que representan valores encriptados pero más ligero. El incremento del mercado es inevitable para satisfacer la necesidad para el hombre satisfacer su necesidades esenciales mayor comodidad material y moral como sea posible, por cada vez más numerosos intercambios y distante. Esta expansión es más interesante para la economía que la extensa producción proporciona economías de escala. Para facilitar la velocidad de la circulación monetaria, el dinero se convierte siempre más hacer predicciones más optimistas, las escrituras la total desaparición de las especies y su término de reemplazo por un sistema computarizado electrónico para compras de rutina.

Este sistema circular tiene el extraordinario poder de transmitir la energía disponible en la tierra y así obtener útil para nuestros productos de la vida social en grandes cantidades. Productos que acumularon y reforzaron por nuevas herramientas de servir al hombre desde que está en la tierra. Este equipo de 'progresismo'[39] conduce inevitablemente a lo superfluo para ciertas categorías de la población. Lo que se alega contra él cuando hay exceso. La tesis de la "segunda vuelta" no puede apoyar[40].

Su efecto es sensible a largo plazo y no continúa o aumenta si la demanda de bienes es mantenida por la población que menos constante, y si el mercado está suficientemente provisto de moneda disponible. También hay una explicación de la desaparición del trabajo valor relativa: tan pronto como hay monetizados intercambia

sirve más como tal para hinchar una burbuja financiera, más magnificado por formación monetaria. En comparación con su valor inicial de la unidad, lo que Marx llamó el valor de uso, ha convertido en mínima en comparación con la riqueza acumulada en el tiempo por la secuencia del sistema dual, el resultado del trabajo y de lo que produce, que a su vez nutre los flujos de efectivo. Lo que indica que el trabajo viene de buena fuente, se saquearon dos veces tan pronto como lo es comercializado. Por el valor agregado producido por el "surtravail" como también definido por Marx, y es uno de los puntos principales de mi discurso, *por el mismo dinero*
.

La fuerza de compra debida a trabajar, no pueden tenerse en consideración para establecer buenas relaciones entre el empleo y las finanzas, por estado: empleados, sin embargo los primeros facilitadores de la economía, no siendo productores, comerciantes o financieras tienen no *directos* en su operación. Por esta razón keynesianismo mantiene la necesidad del estado a intervenir, mientras que ahora sus propios gastos, para controlar dos otra fuente de dinero, el trabajo del salario y financian[41]. La redistribución de la riqueza armónica es posible sólo si estas dos masas de monedas mientras operando por separado, hacerlo de una manera equilibrada. Recuerdo que todos los sistemas y subsistemas económicos están vinculados en la red general monetaria. Menos escuchado, los intereses de cada muestreo no excesivamente las ganancias de capital, a expensas de otros durante el paso de la corriente en sus cuentas. Especulación que quiere ignorar esta dependencia puede ser depredador así como para su autor - riesgo de pérdida - para otros. Luego toma un sentido peyorativo.

Por ejemplo las tasas de interés, objeto de mucha atención en la parte financiera desde que sostienen con sus préstamos, no lo suficiente de una parte de la población con poder adquisitivo. Visto en la figura 1 en F 3. Pero una presión excesiva, buscando la máxima cantidad de interés por su parte, - la codicia dijo Joseph Stieglitz - son comunes, con lo que ello conlleva riesgo de explosión, dando lugar a disminuciones de liquidez en la red de "tubos" a través de que flujo de efectivo. Filtrado necesario en todos los niveles, externos e internos para controlar la acumulación, lo que considero posible estableciendo un financiamiento interno moneda, e.g. la Ecu para el Francia-específico (capítulo segundo compás' 'Cómo revertir la tabla' '). En este caso, el estado puede intervenir mediante el bloqueo de exceso de liquidez para evitar estallar debido a la excesiva hinchazón de una masa monetaria en una 'pipa'.

A pesar de los peligros, el crecimiento se mantendrá la única fuente de riqueza, bastaría para compartir pues así empleo necesario para la producción, que, insisto en este aspecto novedoso de la economía de un país avanzado, se centra cada vez más sobre los intangibles. Para el empleo se mantiene y avanza hasta su máximo nivel que se produce a veces en la historia de las Naciones Unidas, será un crecimiento en aumento permanente (Figura 3)[42]. Los tres actores anteriores, cada una con su propio dinero nivel necesario producir, embotellado en realidad la población de compradores por el aumento de los precios de los productores y distribuidores, por el interés por los bancos y el aumento de la liquidez del estado según sus necesidades presupuestarias.

LA PROPIEDAD, PODER PREDATRICE DE CAPITAL

Homo erectus era dueño con sus congéneres de la tierra donde le disparó a esta comida. Era su riqueza, obtenido y mantenido generalmente por la fuerza, cada uno defendiendo la fuente de supervivencia. El poder atribuido al dinero proviene de la posesión de estas parcelas de tierra. Cuando el sistema feudal, jefes de aldea y otros señores dispararon con todo su poder en su turno. Ubicado y mantenidas como tal de las generaciones a las generaciones por herencia.

En el fondo, nada ha cambiado desde entonces, sabiendo que la producción de tierras han creado riqueza privada derechos de conservación. Este poder adquirido inicialmente por la violencia de la posesión, aún están en nuestro actual sistema liberal: se rige por la ley. En la evaluación de activos y por transmitir, dinero también transmite la violencia intrínseca de la propiedad. Este principio sigue siendo el mismo, excepto que siempre a fuerza de dinero, algunos han aumentado la superficie de sus tierras, se convierten en lugares de producción. Su número aumentó con el incremento de la población. Todo esto es conocido, pero es bueno recordar cuando vuelvas sobre los fundamentos de la macroeconomía.

Figura 2

PRESIÓN PSICOLÓGICA Y MATERIAL

circulación monetaria

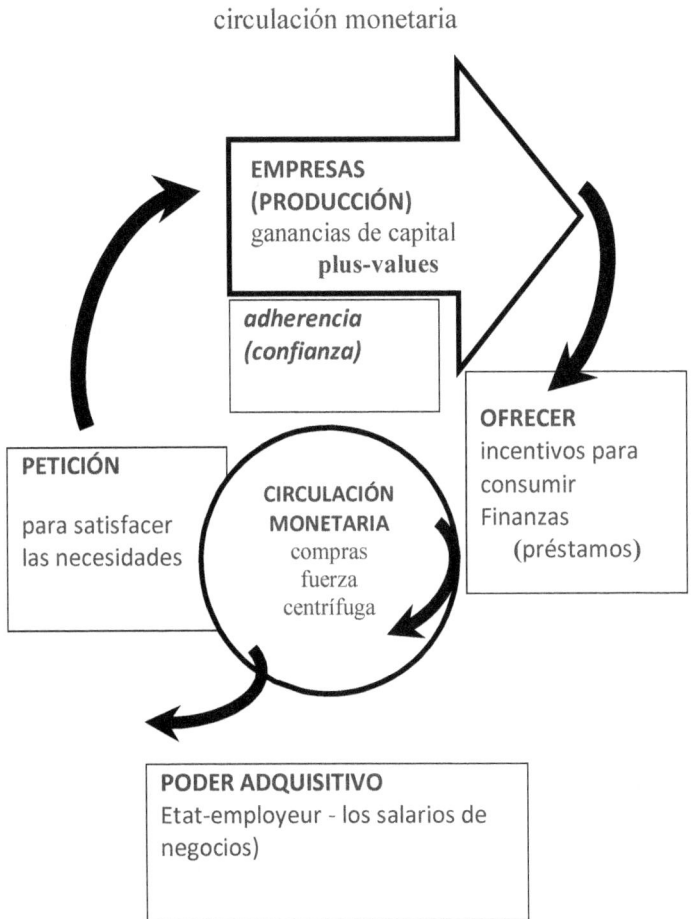

Parafraseando a Proudhon, la propiedad es la 'violación' es decir depredador violencia sin dueños, estos nuevos siervos.

El efecto secundario de la circulación monetaria, izquierda a sí mismo llevaría a frenado y término a su desaparición, pero si en cambio, la fuerza inicial del sistema sistemáticamente se incrementó nuevamente por compensación, o si en el propio sistema no fue planeado una regulación monetaria que contradice o rechaza definitivamente la nocividad de este efecto secundario. Usted puede igualar este efecto con la aparición de un defecto del sistema cubierto porque es principalmente para el uso que se manifiesta. ¿Cómo explica la inflación estructural residual debido al constante aumento en la masa de dinero en circulación, incluido el aumento de los precios es compensación automática a este desgaste antes mencionado.

Esta operación mecánica debida primera originalmente a la fuerza laboral, explica suplementos ganancias, compensar las pérdidas de los valores, más importante que la velocidad circulatoria monetaria aumenta rápidamente. Fuerza centrífuga ya mencionada. Pero esta dispersión de la riqueza - las ganancias de capital que no devuelven en plena producción - generalmente es recuperada por quienes participan en la circulación monetaria que luego navegan en cuentas de ahorros. Más a menudo se distribuyen a los tenedores de capital y los accionistas de la empresa. Hay dos formas de tratamiento de los valores, uno por la empresa y el otro por Hacienda. Dos factores de inflación y crecimiento o de lo contrario de deflación y declive según la importancia de estos 'impuestos'.

Frustración, alienación de los trabajadores, los espectadores sólo en esta economía dinámica, ha sido denunciada por Marx. Están tan bien en un sistema donde los medios de redistribución no son dadas a los hombre-maquina[43]. Ellos se asimilan a las herramientas que utilizan. Las fuerzas en movimiento, actos de compra que impulsan la economía, su escape como se indica en la parte donde no son los responsables de las asignaciones de valores a los productos.

La pérdida de valor de los productos en el mercado, en el sistema liberal se compensa con anticipación, en la forma de aumento de los precios a la venta por los distribuidores y las tasas de interés por los financistas. Por lo tanto agregan el valor primario del propietario-productor. Estas son las revalorizaciones que van a ser compradores, así instrumentalizados. Dos perdedores de tiempo, el primero, ya mencionado por la expropiación del valor del trabajo, el segundo por su explotación por parte de las finanzas.

Crisis

Crisis de la aplicación
El principio de dejar su libre circulación en la capital es extremadamente inteligente: si hay crisis, hay una posibilidad de indemnización por la pérdida de la desaparición de activos. Es la ley de la selva, denominada autorregulación natural que beneficia a los buitres. Con respecto a la depredación humana que conlleva, cueste lo que cueste. Hablando de la economía, esto se traduce en la pérdida del poder adquisitivo de los empleados tras las pérdidas de la empresa: los gobiernos ocuparse de las relaciones sociales, dicen los liberales! Los hombres están

en los ojos de los productos que deben ser tratados como tales. Esta técnica es dogmatizada por el solo pensado, prevalece por la libertad total de comercio. Es un sistema monetario adoptado por todos los países occidentales modernos, principalmente por los Estados Unidos en nombre de la libertad para emprender.

Algunos productores propietarios, que también quieren disfrutar de sus finanzas es a menudo a expensas de su propia producción: demasiado caros sus productos están sujetos a la competencia de quienes más poderoso sostener sus precios. También muchos en una industria que, después de cierto tiempo, satura el mercado cuando se cumplen las necesidades. Sin retorno monetario suficiente en el circuito de producción puede declinar. Este retorno que identificó una presión sobre la demanda, disminuyendo la fuerza de los flujos de efectivo, que a su vez reduce el crecimiento. Mecánicamente, conducirá al desempleo (Figura 3). Circuito que se cierra la caída de la demanda, los compradores masivos, en parte, perdiendo su poder adquisitivo. Si este efecto es brutal, hay crisis de oportunidades[44], por lo tanto sobreproducción, tanto desempleo, etc. como vemos actualmente.

Movimientos de procesamiento y distribución de productos pueden encuentran obstáculos en sus actuaciones y luego fortalecer los efectos secundarios creados por su operación normal. Hacen su producción excesiva o insuficiente según los períodos: una interpretación equivocada o demasiado rápida dada por la señal del número de las compras de productos puede conducir a una pobre anticipación de las cantidades para reproducirse. Estas son entonces las crisis en o insuficiente que se convierten en crisis financiera. Poner detrás del desarrollo económico de los países afectados. Si los resultados del comercio también son insuficientes para asegurar una toma de corriente acentúa el desequilibrio que a su vez provoca una crisis de confianza que lo acentúa.

La explicación de la crisis es así siempre el mal funcionamiento de los mercados. Son de carácter material o inmaterial, se refiere a la producción general. En esta lógica de la sobreproducción o insuficiente, aumenta o disminuye más o menos rápidamente. Bajo el efecto inesperado de fuerzas nouvelles como fue el caso durante la introducción en cantidad de microcomputadoras en los década de 1970[45] datos han cambiado. Equipos han hecho aceleró considerablemente la producción en general y en el Reino material en particular, el de automóviles (automatización). La primera causa de crisis está ligada a un significativo aumento en la productividad de las empresas.

Mucho antes de que se han producido otras crisis en el mundo. La crisis de "Tulipán" tuvo lugar en el siglo XVII cuando la sobreproducción de esta flor nueva a los países bajos. Cuando la aplicación es son enrarecidos - precios llegan a ser demasiado costosos, cayeron las compras - producción continuó sin tener en cuenta. Donde el colapso de la producción. En Francia y Gran Bretaña, en el siglo XIX como resultado de la invención del telar y su operador, producción a gran escala resultó en la destrucción del tejido artesanal con catastrófica desempleo y miseria. Un ejemplo característico de este sector, productividad excesiva, resultando en una economía devastador en términos humanos: compensación a este sistema, disminuirá gradualmente desempleo redireccionando fabricaciones de nuevos esta fuerza de trabajo relacionadas con la innovación técnica. Pero no puede hacerse en una generación[46]. En capitalismo productivo, o las crisis de producción insuficiente en algunas zonas, a veces vistas como el rescate de la modernidad, son todavía sufrió por parte de la población, es decir, la parte inferior de la escala de las clases medias y principalmente las clases desfavorecidas. Otras crisis en el mundo tuvieron lugar en el siglo anterior, lejano Oriente y América del sur, superar difíciles por ntsegobierno, siempre a expensas de la gente. Los avances de la tecnología por lo tanto es un evento externo, una fuerza que puede cambiar el funcionamiento de los sistemas económicos. Más frecuente el caso era la saturación de la solicitud[47] que termina en la crisis financiera y la pérdida de dinero en efectivo.

Crisis financiera

Todas las partes interesadas por lo tanto sufrirá las consecuencias. En primer lugar el productor trabajador neded menos desde automatismo sustituye cada vez más. Explicación del desempleo como una variable de ajuste puede encontrarse en la *monetaria decaimiento: pérdida del empleo es igual a la pérdida de poder adquisitivo, disminuyendo la actividad*. Sólo quienes tienen reservas pueden mitigar sus efectos. Las clases más desfavorecidas sufrirán las dificultades de las rentas de los productores. El empleo debido a su precariedad, chantaje acentúa los efectos. Además de la deuda pendiente. Por otro lado, sin futuro visible, incluso las clases medias no tomará el riesgo de un crédito, lo que obviamente se dejarán sentir por los bancos a pesar de un posible efecto atractivo debido a bajas tasas de interés. A menos que el estado a través de un soberano Banco Central puede intervenir, facilitando su acceso a tasa y duración[48]. Todavía falta que esta intervención no es demasiado tarde para ser eficaz.

El equipo fue creado para ayudar a la ciencia en sus cálculos, entonces para la compañía y para los individuos, llevando finalmente a Internet. Esta técnica fue introducida universalmente mientras que originalmente estaba programado para el militar sólo en los Estados

Unidos hay necesidades de comunicación también ha estallado una burbuja especulativa en el 2000s negocian, debido a las compañías excesiva creaciones ofrecen tales servicios. Demanda a nivel de individuos no fue conocida inicialmente, pero como una de las necesidades básicas del hombre,[49] comunicación naturalmente debe tener un lugar importante. Ahora hay un principio de librarse de la crisis bursátil que siguió a un exceso de demanda, por el comercio electrónico que está creciendo rápidamente.

La crisis "subprime", comenzada en la Florida. Lo fue en 2007, que en poblaciones de más bajas ingresos son deudas peligrosamente, atraídos por las propuestas de los bancos para la compra de inmuebles, actualmente ya no hacer frente a sus pagos anticipados malas así como del hecho de que por parte de los bancos. Se compartieron responsabilidades. Todavía la codicia. El efecto secundario inesperado ha sido la incapacidad de los prestatarios que se acumulará. Aunque algunos estudiosos han vislumbrado el futuro desastre, las fuerzas monetarias en los movimientos que estaban en juego en el sector inmobiliario, alcanzó su nivel crítico hasta que podría contenerlos. Es por lo tanto no es por casualidad que fue producido en un país donde la circulación de la moneda es considerable en muchos sectores económicos. Movimientos de fondos de gran magnitud pueden ser controlados sólo tardíamente, cuando los sistemas han trabajado durante mucho tiempo.

Crisis de inversión

El fenómeno de la disminución de la inversión se propaga a todos los prestamistas se detuvo en sus pistas, con lo que significa desconexión del dinero disponible en volúmenes de producción resultantes de las quiebras de empresas, seguidos por curso de puestos de trabajo. El diagrama en la figura 3 ilustra este fenómeno, demostrando que una pérdida de dinero sobre el que descansa un volumen de producción correspondiente, disminuye la cohesión del sistema total.

Las crisis son siempre las crisis sistémicas, que comienzan o terminan de las crisis financieras: las pérdidas de bienes, dinero en efectivo. Desequilibrio, antes de cualquier otro recurso, debe restablecer la confianza. ¿Además de F.D. Roosevelt tuvo éxito en parte después de la gran depresión en el Consejo de Keynes[50]. Por supuesto, desempleo en aumento es una señal desfavorable a los ojos de todas las partes interesadas.

Demasiados riqueza mal distribuida, la falta de liquidez, deflación, como es el caso entre algunos países de la U.E, puede ser el origen de otras crisis. No dudo en decir que la actual caída en Europa es el resultado de la voluntad por parte de los líderes, reducir la inflación -como el período de los "treinta años gloriosos" en Francia-, que siempre está vinculada mecánicamente al crecimiento. Esto, como sabemos, para evitar la tendencia a la pérdida de valor monetario de ricos incluyendo prestamistas sufren más las consecuencias[51].

Entre los economistas norteamericanos raros que han proporcionado la última crisis de 'las hipotecas subprime', algunos dijeron que habían sido incapaces de saber cuando rompía hacia fuera. Para entender por qué, sólo se refieren a mis comentarios sobre el origen de los mercados. De hecho, el movimiento de dinero, es un flujo financiero, que, como hemos visto, tiene un componente que es el tiempo del recorrido. Obviamente que depende de las fuerzas que animan a la corriente. Sin embargo son muy numerosos y diversos subsistemas. Agregan en categorías según su origen, productores, intermediarios, servicios, etc., de forma muy grandes fuerzas diferentes, evolucionando en una dirección que es limpieza (Figura 1).

Estos actores les impulsará a la actividad en General, pero en algunos casos estas fuerzas juntas en la misma dirección, va a estallar una burbuja debido a la falta de oportunidades. Es imposible evitar eso... a menos que usted tiene acceso permanente a estos datos, para identificar y tener los medios y la voluntad de regular[52]. Como se verá (capítulo "girar la mesa", este seguimiento es posible, en teoría, si esta moneda financiera difiere de los flujos totales.

En las últimas décadas, sin frenos, válvula no existe para regular el crecimiento exponencial de la masa monetaria de los mercados financieros especulativos por naturaleza. Pero la evolución monetaria de las masas es pesado, que no regula con precisión.

Tarde o temprano las sumas de beneficios especulativos son acumulativas. Puede convertir en riqueza futura, comprar empresas, compra activos de propiedad, o acciones o bienes raíces que se formen burbujas de nuevo listas para estallar. El promedio del beneficio logrado para los accionistas de grandes empresas, antes de que la crisis fue 15% [53].Vamos a ver en el siguiente capítulo cómo luchar contra esta tendencia a las crisis por la acumulación de la riqueza.

Crisis de la deuda (soberana)

Con respecto a la crisis de la deuda, que es la consecuencia de la pérdida de liquidez agravado por la crisis, sabemos que poco públicamente los vencimientos de créditos de los bancos y otros prestamistas contra Estados que indirectamente sufren las consecuencias de la disminución de impuestos recibos. Cada institución financiera a pesar de pequeñas desviaciones de la tasa de retorno (cada uno intermedio tomando parte adicional, incluido el seguro) se embarca en la compra de términos muy cortos en una carrera prácticamente instantánea (con ordenadores) para mejor desempeño las tasas de interés, tomar algunos riesgos a través de[54]seguros organismos especializan. La volatilidad de estos intercambios hace difícil control base monetaria.

El error, culpa, tomadores de decisiones en finanzas como los líderes de las grandes empresas, lleva a creer que esta tendencia a la utilización sistemática de la oferta de crédito podría continuar indefinidamente sin una burbuja estalla, - resultado a veces proporcionados por Cassandra de la economía, incluyendo J.Stiglitz - resultado de la acumulación de efectos secundarios similares a los que demandan política puede causar inflación, pero esta vez por otro lado por la caries y la deflación. Sin tener que recurrir, porque cualquier regla o frenos fueron pensadas en el inicio de demasiado lleno de oferta de dinero. Los reglamentos, a los excesos especulativos en el mercado financiero son casi inexistentes: debe ser por lo menos cada crédito corresponde a la equidad de la corriente superior a los míseros prestamistas 8%[55], para que en una crisis, esto implica que la desaparición de sus propios activos en reserva. Jugando esta vez con los operadores de su propio dinero sería más prudente... por un rato.

Y después de Paul Krugman, economía Nobel premio (2009), las crisis se presentan en general donde no esperas y de todos modos con una escala incontrolable. Explica por el hecho de que en el flujo de divisas de todos los orígenes, se produce, todo se negocia, a una velocidad tal que es casi imposible hacer cualquier pronóstico serio acerca de una posible explosión de acumulado alguna parte de los activos en la tubería. Sistema en subsistemas, el plomo son muy complejas, a tal punto que también son difíciles de saber que las predicciones para más de 8 días, independientemente de la potencia de los ordenadores y la calidad de los modelos.

Algunas presas, banca, capital los movimientos que se quedaron fueron removidos gradualmente con la globalización en la década de 1980 siguiendo las recomendaciones de los tratados europeos. Pero, probablemente expresado los tomadores de decisión y los especuladores de las finanzas internacionales, "como funciona... » Menores escuchado, que su papel es esencial, se rescatarán siempre por los gobiernos que dependen cada vez más el sistema liberal. Lo que es cierto, en parte, porque al menos en los Estados Unidos están comenzando a exigir más transparencia en la operación y en este estado, al igual que en Gran Bretaña, no dudó a nacionalizar un banco para detener el sangrado en 2008. Con eso esto asume el impacto sobre la población: compensado por los impuestos.

Antes de la crisis de las «subrimes», J.Stiglitz sugerido para colocar los archivos SWF en una 'reserva', que sirve como acuartelamiento para el exceso de liquidez. Esta técnica es posible si la implementación de una divisa específica lleva a cabo, como se verá, (capítulo) "derrocar a la mesa, dos monedas nacionales capaces de distinguir la moneda 'buena', que transporta los bienes de los 'malos' que especula sobre su enriquecimiento personal. Siendo necesario que cada país se proporcionan. Paul Krugman, lo trae, no hay respuesta técnica a las perturbaciones. Como dicen algunos economistas, existen señales de alerta que permitan que suene la alarma, pero en vanas: la aparición de una burbuja es difícil de saber. No dice cuándo y dónde va a estallar. Sushil Lordon, provocador, ofrece en "por qué necesitamos cerrar premios" [56] para frenar la especulación internacional. Donde hablamos de gravar a los movimientos de capital, como también abogaron Attac [57] durante años. Destino priori por los promotores de esta idea, para frenar los flujos financieros especulativos, riesgo financiero (TTF) de ser recuperado impuesto a las transacciones y reorientado hacia un simple recurso extra presupuestario, sin la opción de frenado. El dilema es: demasiado lento estos movimientos pueden alejar a los especuladores financieros, 'normales', que el país todavía necesita (inversión). O aumentar las tasas de interés, por mera compensación por la pérdida sufrida por los prestamistas.

El lanzamiento internacional de movimientos de capitales podría justificarse para facilitar el comercio (laissez-faire) [58] para el beneficio mutuo de las empresas y países. Titulares de capital puramente financieros se apresuraron a entrar en la brecha abierta por los tratados europeos para hacerlos trabajar por todo el mundo.

El dogma del consenso de Washington [59] aunque se disputa, ha reforzado esta tendencia. Si seguimos manteniendo este escenario de la estrategia de oferta de crédito, nos arriesgamos a un terremoto aún más violento, por reacción, según algunos. Lo seguirían por la eliminación de las libertades, la creación de un estado, casi totalitario para reprimir la violencia social que surgirá. Es una de las razones que hacen decir que es hora de poner obstáculos al liberalismo desenfrenado, se vuelve violenta por el golpe de trabajo en la misma dirección.

Los mercados financieros, tiene más este freno natural del ritmo relativamente lento de la fuerza de la 'obra' de una base de tiempo de trabajo a la autofinanciación de la empresa. Las inversiones en la producción han sido olvidadas porque su rentabilidad era demasiado lenta, comparados con los de la capital accionario, rápidamente acumulado por el crédito, así de fácil, aunque moneda tan arriesgado, a pesar de las seguridades. Su nuevo uso ha dejado mucho espacio en el corto tiempo, difícil de variable de control. El tiempo, componente de la original, esta obra en ganancias monetarias del mercado de producción, separados, en beneficio de la rápida actuación de los dueños del capital y las grandes empresas.

Ahora para tratar de mantener un nivel de crecimiento aceptable, los bancos centrales se ven obligados a reducir las tasas de interés, para hacerlos descender a un nivel cercano a cero. Con objetivo la recuperación de dinero por el crédito, pero con la condición que existe un acceso posible (confianza) en frente. El BCE se vio obligado a acentuar la brusca caída de las tasas de interés. Mientras que se supone que no responden a la presión política, tuvo que lidiar con una situación de crisis. Que confirma que este instrumento cuya función era limitado en la economía ya no puede permanecer que técnico. Hacer todo lo posible para evitar el aumento de los salarios reales, no neutral: propósito es esencial para proteger la anualidad y no, como se ha atrevido a afirmar su ex Director, proteger a las masas de la pérdida de poder adquisitivo, que nada nunca probado[60], excepto quizás la excepción alemán durante la década de 1920 debido a la inflación exponencial.

Crisis de la oferta

Un exceso de oferta que podría no estar en fase con suficiente poder adquisitivo puede desencadenar una crisis de sobreproducción. Esta falta de oportunidades a veces se divulga como haber estado en el origen de la crisis de 1929. Producción en los Estados Unidos había sido aumentada grandemente por la automatización de la producción agrícola e industrial. Estos últimos, los que se le parece, esta que de la 'subprime' de la crisis de 2008, sobreproducción de bienes raíces dando lugar a una brecha entre la producción solicitada y poder de compra, entonces reembolso. En todos los casos, independientemente del origen del material o financiera, para prevenir las crisis, la circulación monetaria debe ser regular. Por esto por lo menos debe mantener un equilibrio en el volumen del suministro de dinero que alimentan la actividad económica, trabajo asalariado, el estado y las finanzas. Falta de liquidez debe ser contrarrestado inmediatamente para evitar este desequilibrio.

Se puede deducir fácilmente que la falta de beneficios por parte del estado (disciplina presupuestaria), una disminución de la nómina monetaria (desempleo), una reticencia por parte de los prestamistas para inyectar estos liquidez será fuente de decaimiento. Presión para reducir el gasto, es decir, austeridad, en un círculo vicioso de tendencia deflacionaria fluye hacia abajo por el crecimiento. Capitalismo financiero puede comprar a bajo precio empresas, edificios y hasta los servicios públicos, que se reanudará por reinyección de valor en efectivo después de estas operaciones. Este caso era obvio en el golpe de estado de Chile (Naomi Klein: "Estrategia de choque"). Parece estar en marcha en Grecia en el momento donde estas líneas se escriben (discusión sobre la privatización de la empresa ferroviaria nacional) del puerto de el Pireo ha sido transferido por el estado a China. Este enfrentamiento tuvo lugar en Argentina hace una década, pero ha resistido difícil pero con la presión del banco (soberana) victoriosamente cierre en sí mismo, no se puede confiar en sus propios recursos.

Empresas maltratadas pueden vender sólo a grandes empresas, que permitió su poder intensivas en capital para resistir. Capitalismo aumentará su poder posteriormente.

El poder depredador de las finanzas

La fuente del poder de la empresa es propiedad de las herramientas de desarrollo. Sus acciones monétarisées, así como la tasa de interés que están vinculados, nos habíamos entender mejor su papel en los flujos financieros (Figura 1). Su estrategia es indispensable ahora ofrecer como extra del sistema económico fuerza en movimiento. Pero cada uno de los dos sistemas y la demanda, producir parte de los efectos, desgaste y perder porque contribuyen juntos al aumento general en actividad.

Los dueños de la herramienta de producción organizar en pasar, las ganancias de capital, que a veces representan una parte significativa de estos recursos. *Estos desvíos en la redistribución de la riqueza retardar la actividad general.*las crisis y el desempleo pueden establecerse como disminuye la producción pendiente un regreso a un poder adquisitivo suficiente[61]. Y si el desempleo se instala disminuye, un depredador vicioso difícil de interrumpir. Por lo tanto capitalizado malversación, agregado a la productividad está en el origen del desempleo masivo. Ellos son los titulares de capital que sigue siendo responden[62].

La valoración se considera como válido desde el dinero, por el hábito (capítulo "papel paradójico de dinero). ¿Cómo explica la depredación del dinero acumulado en el capitalismo financiero más poderoso que el capitalismo productivo. Más y más lejos el valor del trabajo, no tiene límites a su expansión. La causa de esta irracionalidad, el peligro mortal de las crisis en el ensayo para las sociedades humanas basado en los mercados libres de la inmaterialidad de los valores monetarios. El valor del trabajo se funde en la masa.

Más ayudas estatales a las empresas se convierten en efecto inesperado, desarrollo a menudo ineficiente, porque estos incentivos no cumplen con las necesidades reales de la completa satisfacción de los compradores. El efecto de apalancamiento de reempleo del dinero en la empresa no está garantizado. Es el riesgo del sistema liberal, que en caso de malas inversiones eventualmente bajo rendimiento de reportero en la empresa, así sucesivamente el trabajo la primavera pasada. Donde vemos que la riqueza producida por el 'surtravail' es capturado por el sistema financiero, intermediario indispensable que se convirtieron en bancos privados. Esta riqueza por los ricos, disponibles, para ser revitalizado en un sistema sin fin dictada por la competencia entre las empresas en los mercados libres.

La riqueza monetaria desviada que la cuenta financiera refleja la perversidad del sistema: para que puedan obtener ricos sin trabajar[63]. ¿Qué supuestos monetaristas pragmáticos ver como normal y natural. Pero normal en la naturaleza es una jungla. Fue explicado así como por la importante contribución de dinero se falsea la competencia entre las empresas, los más poderosos hasta absorber humanos y hardware de los instrumentos débiles. Caso de las multinacionales.

ECONOMÍA POLÍTICA
(Monetarismo propaga poder depredador)

El hombre sabe cómo usar su herramienta natural: inteligencia. Es a través de este medio de autodefensa, que particularmente vulnerables, podría evitar su desaparición rápida después de su aparición en un terreno hostil. ¿Estamos en un punto de inflexión de este tipo? ¿Puede evitar el conocimiento de este riesgo las consecuencias en el fondo siempre permanente, pero más o menos sensibles a los efectos del ultra liberalismo rapaces comercializado por término? Muchos dirigentes y economistas, Unidos a supuestas cuentas racionales porque sólo codificado, están cegados porque aprovechan para sí mismos, las redistribuciones de la desigualdad de la riqueza. ¿Pueden los líderes o humanitarios economistas ubicados en el sistema político, mostrar cómo toma la mano, modificar algunos ajustes y redirigirlo en menos dramático que muchos sensación anunciar?

Cualquier herramienta es un sistema que se utiliza para modificar un estado que siempre crea uno y a veces varios efectos secundarios. La herramienta de dinero es tanto fuente del desarrollo de la humanidad e, indirectamente, responsable de los horrores históricos - guerras de conquista - como lo conocemos. Reconociendo la importancia del funcionamiento del sistema monetario, la filosofía de la Chicago school monetarista economics, considera que no puede controlarse, independientemente de los inconvenientes que involucra a la 'ley' del libre mercado.

Oferta de la producción material es cada vez menos importante en cuanto a producciones inmateriales. Bajo estas condiciones, no importa si el crecimiento es infinito, puesto que es *su rotación que crea nueva riqueza, por su mismo crecimiento y creación de dinero.* Pleno empleo se logra en última instancia, si el estado procesa y gestiona el flujo de efectivo sabiamente. Debe ser que hay una masa de actos de compra suficiente contra la producción: la producción en oferta en general, asume una compra global de la población perfectamente sincronizada en fase con esta oferta. Insisto otra vez en este punto crucial: esto no es la empresa que está en el origen de la creación de crecimiento o el empleo, pero el 'consumidor', el comprador en todos sus Estados, independientemente del producto.

Si el estado garantiza el valor de la moneda nacional, cuando derrotó a sí mismo su propia moneda, no garantiza los efectos perversos que disminuir este valor. También se entiende a llegado a un umbral crítico, el riesgo de desequilibrio entre el capitalismo financiero, regulado entre países más occidental y que del capitalismo productivo es importante. La moneda es un sistema que como tal puede si automático reequilibrio después haber reintroducido nuevas fuerzas compensador pérdida del suministro de dinero debido a la crisis. Para evitar las consecuencias de la explosión, es que los flujos de efectivo continúan circulando en progresión moderada pero permanente. Donde los bancos reciente asistencia para reemplazar el dinero perdieron después de la subprime crisis ". Actividad entonces pasa y gobernar el país pero el motor al ralentí si esta en efectivo es una simple compensación. Puede ocurrir otro accidente. Es decir, que si dejamos que la naturaleza, siempre arriesgamos golpes económicos.

Regreso al título del faro de libro de J.M. Keynes que vincula tres conceptos económicos fundamentales y sistemas, *empleo, divisas y* _de interés._ [64]. en este libro, insiste en los efectos marginales del monetarismo que es en definitiva el efecto de porcentaje en el curso de la moneda. Por mi parte he asumido como una se desvían de la corriente principal.

¿Y el empleo? (Figura 3)

Nuevas producciones que perfeccionar constantemente requieren una gestión administrativa pública o privada también va en aumento: el tratamiento de grandes cantidades de consecutivos a la información de progreso, les hace cada vez más compleja: vigilancia, controles son indispensables para cualquier nueva organización que, aunque forma insensible, intercambio de calidad. Cualquier sistema, permeable a su entorno, le pide que se adaptará. Información, datos imprevistos escapan de automatización de sistemas. Donde las disfunciones previsibles y los hombres necesitan para corregirlos e inventar nuevos programas de vida.

Figura 3

Cambio de empleo según la adherencia (confianza) entre la fuerza monetaria y trabajo de la resistencia. (Ponderado por productividad y balanza comercial)

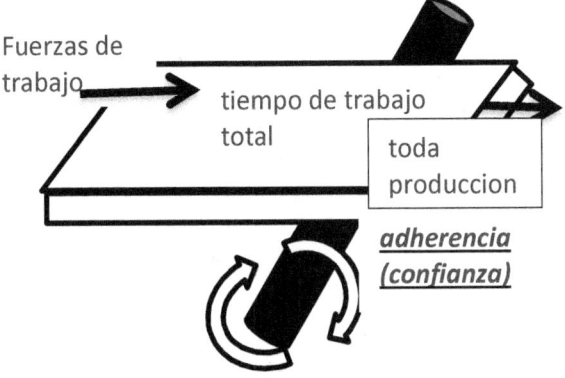

Fuerzas de trabajo

tiempo de trabajo total

toda produccion

adherencia (confianza)

Monetaria circular
Fuerza de compras

Encontró la teoría Keynes enlazan a moneda (y el interés), por lo tanto, actividad, empleo. Comparó el nivel de las tasas de interés cuando se invierte dinero en la producción, con uno de la moneda. Fue capaz de deducir que el desempleo tuvo una tendencia a aumentar el rendimiento final de los cuales es el capital productivo de todas las empresas y el capital financiero es menos de lo que. Este equilibrio así sintetizado introdujo la renuencia psicológica también fenómenos a través de las poblaciones y los líderes empresariales: las propensiones a comprar varían si se producen estas circunstancias. También varían "riesgo moral", la propensión a la especulación de quienes tienen el poder financiero para actuar en el ámbito productivo y la seña en el ámbito financiero cuyo rendimiento se convierte en más atractiva en comparación. Estas son las fuerzas que estaban en la raíz de la actividad económica, que puede o no puede ir según su importancia, reducir los resultados de estos sistemas.

La adherencia entre los dos sistemas, *confianza*, sólida y permanente lema moral de la realidad económica no controla. Inspira, de hechos probados, las decisiones previas de las partes interesadas, la población y la empresa. Esto no obstante, la voluntad de líderes normalmente atado al crecimiento, esperado que se reúnan estas dos entidades. Dinámica es conocido que un plan que se coloca en un cilindro parece caído lo que habían desembarcado en equilibrio (inestable) de él tan pronto como su velocidad aumenta repentinamente. El cilindro se desliza sin este plan: es decir, el empleo generado por la producción. Nada más lógico en física (Figura 3). Fenómeno pueden transportar en el sistema económico. La tendencia a patinar si la adherencia entre los dos sistemas es baja, conduce a la reducción de la producción y el desempleo.

El interés en la moneda, es afectada negativamente empleo ya despojado por el valor añadido. La oferta de dinero de la pensión y los asalariados son los sistemas contradictorios, cuyos objetivos son conocidos: minimizar el asalariado para la primera, mientras que reemplazar su déficit mediante un valor obtenido en el plazo por el prestamista. El empleado le gustaría aumentar su compra la energía real, es decir inmediata que hay en ninguna manera[65]. Es la explotación de este retraso, que se calcula correctamente, da la oportunidad a empresas y bancos.

CÓMO REVERTIR LA MESA

Necesariamente debe comenzar invirtiendo los principios del sistema actual que favorece por décadas y antes de cualquier otra ayuda, de la empresa para promover el empleo. Este último razonamiento es un silogismo, que tarda el resultado para los locales. La lógica, en cambio, uno que se ha seguido desde el comienzo de este libro es para alentar a los compradores, tanto empleados para impulsar la actividad.

Se dirige la actividad de un país, en favor o no use fuerza obra original de la actividad General. Bastaría para controlar el rastreo redistributivo para supervisar la actividad, así que el crecimiento, por lo tanto el empleo.

En la actualidad, para muchos países, esta actividad del mercado aumenta en el largo plazo (crecimiento del PIB) sin que necesariamente proporcional es seguido por un aumento inmediato en el número de trabajadores productivos. Esta desaceleración viene de la sustitución de una parte de esta fuerza de trabajo de automatización y las nuevas herramientas. Caso reciente de computadoras. Es imposible saber cuándo será

71

ponernos, pero podemos decir que en todos los casos de figuras, el crecimiento es beneficioso y eventualmente otra vez producir riqueza y empleos... cuando el retraso esté llena.

El estado puede compensar las desventajas de esa desaceleración, gracias a *las inversiones productivas*, en particular, ayudas y beneficios financieros que ofrece a su población: asignaciones familiares, la educación, bonos y especialmente los salarios de los funcionarios. Y no como 'en' probar décadas hacen creer como una antífona, bajo una expresión abusiva, como las empresas, " crear» puestos de trabajo. Nombre incorrecto porque crear supongo que de algo como una generación espontánea. Mientras que son ' como la contratación de "avance bajo la presión de la demanda. La verdadera fuente de creación de empleo, insisto en lo que se ha dicho anteriormente, sólo como intermediarios, que se han convertido en imprescindibles en la economía de mercado. Con los medios de producción reemplaza en antaño principales productores y consumidores que era su propio empleador. Esta gracia una vez más al dinero que media tan obligados.

Este no es el presupuestario *resultados* que equilibrar o no, están en el origen de la actividad, pero sólo *los gastos*. Por lo tanto es absurdo a perseguir esta quimera llamada la financiación de los déficits que son a menudo ad hoc y pueden desaparecer de los mismos si los gastos han lanzado originalmente, buenas inversiones que efectivamente aumentan la producción. En la actualidad, los bancos, responsables de las cuentas de los productores y consumidores, sólo son capaces de saber dónde el dinero y adónde va. ¿Cómo comprobar sus propias cuentas que se entremezclan con los de sus clientes préstamos, cuando las cantidades en movimientos circulares en los mercados son cada vez más además de la velocidad! Una cuenta proporciona solamente una masa monetaria provisional de imagen momentánea en la circulación. Sería la única manera de controlar estos movimientos distinguir esta moneda basada en su origen y su destino con el fin de diferenciar su uso. Necesidad de distinguir entre el valor de la moneda ligada al trabajo que sólo depende del sistema financiero. Control del sistema neoliberal, por tanto, pasarán por el conocimiento exacto de los valores de transacciones de moneda en circulación. (Ver a continuación: la segunda medida: "dos monedas nacionales)

Primeros pasos:

Establecer el objetivo fordismo.[66]
-   Se generará por lo tanto energía monetaria importante en el circuito monetario, independientemente de los déficits futuros, si alguno si el estado compensa los nuevos cargos presentados a las empresas. Poco a poco provocando la inversión por la devolución automática de las inversiones. El aumento de crecimiento del empleo (capítulo: y puestos de trabajo?) será aún más rápido. Estos déficits presupuestarios potencial ser ignorados por la creación monetaria del soberano y si es necesario, financiados por el endeudamiento de los bancos, mientras que la regulación de las tasas de interés. O por grandes perfectamente dirigida préstamos obligatorios. El estado es teóricamente capaz de intervenir, siempre que no quedará obligados por contrario las decisiones económicas impuestas por ejemplo por la U.E y no dejarse convencer por los empleadores y los lobbies financieros.
    El término sólo es confianza en un prometedor un aumento del poder de compra en la duración, los

pobres y las clases medias porque son ellos quienes son los principales compradores. Por lo tanto prioridad recuperar fuerzas para trabajar teniendo en cuenta los bajos ingresos, el salario mínimo, las pensiones más bajas, incluyendo el compromiso de compensar realmente la inflación permanente por una bien calculada indexación[67].

Los poner en cuestión responsables, unos pocos son su afiliación política, que cree que los bajos ingresos, aumentar las asignaciones a la población indigente, es una medida "providencial" esencialmente humanitaria, que incluso, para algunos de incitar a la ociosidad: ciertamente puede entender primero como tal, pero creo que han demostrado a lo largo de este libro que es principalmente una pura lógica de salvación pública económicamente! [68] Que confirma, si fuera necesario, los economistas monetaristas de tipo 'Chicago boys', los del pensamiento único, que la economía es humana que hace inseparable ambos puntos de vista, la mecánica y la humanitaria. No veo que uno es culpable autismo.

Segunda medición
- *Dos monedas nacionales*

En un sistema, el tiempo es el elemento que hace que sea difícil para control de movimiento. Por lo tanto, en otros ámbitos, como el origen y el destino de la información programada por los actores que es posible hacerlo, no lo sería para algunos canales y redistribuirlo individualmente de la manera más igualitaria posible. Un movimiento es un vector y como tal una fuerza. El estado tiene los medios para cambiar las direcciones, porque normalmente, produce, recolecta y reinjecta la liquidez monetaria por el presupuesto. El papel del estado, si es maestros bancos debe reducir los efectos depredadores del poder del dinero, mediante la adopción de un régimen de impuestos o sistema de bonus-malus selectivo como lo hace en Francia para el automóvil, aceptando o un volumen determinado de la financiera en la entrada de moneda de circulación monetaria General, filtrado según su origen y su destino ¿: préstamos o compras de qué, para quién, con qué intención? Se evitarían las crisis de tipo «subprime». En cambio requieren los bancos y empresas para agregar liquidez en una circulación monetaria bajista que disminuye el crecimiento, así que cualquier sistema económico en el largo plazo para un crecimiento bien templado, a diferencia de monetarismo libre que genera la depredación social conocida, sufrimiento y suicidio agravada por la crisis y el desempleo.

-   Por lo tanto, es esencial para separar las acciones financieras según sus aspectos puramente especulativas de aquellos que sirven a invertir para producir más y mejor. Esta separación "banca" y depósito propugnada por algunos economistas es técnicamente imposible sin la marca en dos monedas diferentes. En contraste con separar estos flujos en el movimiento sería fáciles si se administran por la computadora. Esta técnica adoptada adelantaría la actividad al redirigir el resultado de fuerzas económicas útiles para trabajar, así que para el beneficio de empleo.

Por ejemplo, para Francia, establecer la Ecu como moneda financiero específico y el franco de la divisa de los mercados primarios.

Control de los canales bancarios reconocer y distribuir la propiedad común correspondiente a la aplicación de las economía real y financieras los activos propiedad de bancos. Banca flujos de una moneda a la otra sería materializada y filtrada según las necesidades de la época, como cualquier intercambio de monedas basados en una paridad decidida por el estado. Protegerse contra las crisis y los depredadores es natural. Insisto en que la novela distingue el aspecto de una posible regulación de la economía financiera opera dos tipos de movimientos de los fondos financieros especulativos, compras específicas. Comercio denominado en francos permanecer libre como antes. Sólo los flujos financieros serán gravados con el tiempo según su nivel y sus destinos. Al lado de la ecu sería en promedio igual al franco. Compruebe la presión del dinero denominado en Ecu ajuste la presión de la realidad de los mercados primarios. Nosotros no podemos ser acusados de nacionalismo, en cuanto a la derecha para ajustar su economía real, su sistema social, su historia y especialmente el elemental derecho a defenderse contra los abusos financieros.

En las finanzas estatales, privadas liberal, por lo tanto podía permanecer presente si queremos sacar provecho de su efectivo. Sin tener en cuenta entonces la importancia del capital acumulado por la especulación financiera: ellos se estacionarían en su mercado, sin el riesgo de una crisis financiera por el exceso de préstamos durante su introducción en el mercado primario.

Otras medidas

- Supervisar el crédito para que las tasas de interés no impiden que el endeudamiento de las clases desfavorecidas. Ya no asume dependiente en el BCE para los países de la U.E
- nacionalizar los grandes bancos de uno o más para aplicar esta medida.

-exigen a los bancos no prestan dinero con equidad significativa en relación con el monto de su saldo. Insuficiente principio cautelar dictado por Basilea III[69].

-nacionalizar las grandes empresas comprometidas con el servicio al público, aquellos *que han sido privatizadas bajo el pretexto de una supuesta competencia* distorsionada. Finalmente convertirlas en cooperativas autoadministración [70].

-reemplazar las reglas de la OMC carta inspirada en la de la Habana o (tipo de cambio y cuotas iguales en el interés mutuo de los países pobres y los países ricos).

-establecer el derecho a las prestaciones (NET y tapado) para los voluntarios de asociaciones benéficas.

-ayudar a las innovaciones ecológicas para el ahorro de energía, gravando más fuertemente perjudicial producción material que está a cargo.

¿Qué sería la beca en tal contexto [71]? Obviamente, el CAC 40 podría desaparecer como un indicador del potencial económico que ya no tendrían acceso al mercado de primer grado. Que virtualmente elimina los inconvenientes de los movimientos erráticos que conducen a las crisis del mercado de valores. Las ganancias de capital, ya que existen en la opción liberal, será esta vez fractura no sólo entre el impuesto y el accionista para el beneficio final de este último, pero gravado con incentivos para aumentar salarios internos de la compañía. La asociación, los beneficios[72] ya existe, pero sigue siendo insuficiente y poco frecuentes.

Sin embargo, el papel principal de la bolsa de valores, que permitan capitalizar las empresas contenidas en el mismo, podría subsistir a pesar de la marca en ecus de las ganancias de capital. La tasa de cambio entre el ecu y el franco variaría según lo esperado según las necesidades del mercado primario financiamiento, lejos prematura especulativo, para mantener sólo la especulación llevó principalmente sobre inversiones y empresas estatales para corroborar Frédéric Lordon del artículo (y si cierra la bolsa de valores: "Le monde diplomatique - febrero de 2010).

Estas medidas pueden parecer reaccionarias porque sugieren en parte trasera con el antiguo sistema, que existían antes de los años 70 y 80 en Francia es el significado que le doy a la frase "cubierta posterior". Pero debemos tomar esta expresión en el primer sentido para reaccionar y no en el sentido político tradicional que significa la reacción al progreso, tradición entre los conservadores. Volver a una economía natural, donde los ciudadanos reanudaría la iniciativa donde la obra sería nuevamente reconocida, legítimamente y en ninguna lógica. El estado juega el papel que es el suyo, protegerá y regular la economía social. Los liberales llorará por proteccionismo, a menudo considerado como guerras[73] alborotador. No es proteccionismo en intercambios mercantiles sino financieros. Regular, controlar los excesos en su lugar para eliminar los riesgos de agresión.

Ciertamente no eliminar completamente el ultraliberal opción, que donde los impulsos monetarios crédito activan todos los mercados: las estructuras puesto en marcha por el liberalismo como estrategia siempre será complementaria a la de la aplicación. Pero poco a poco colocar el regulador de energía en el trabajador antes de la empresa, se modificará el actual sistema económico. Es la solución lógica que abogo.

Los altermundialistas espera un cambio fundamental en el sistema económico de un cambio político. En realidad una economía (mejor) puede tener ambos beneficios para una población ecología solidaridad[74]. Volver a un sistema económico que ha sido probado, como la generación que vivió la mitad del siglo XX, es el recurso lógico a la crisis económica. Para evitar otras crisis, el control de la estrategia de la oferta económica por un diverso reequilibrio, es solo capaz de iniciar el nuevo crecimiento, probablemente ir hacia el pleno empleo.

CRECIMIENTO Y PROGRESO

La distribución de la riqueza proviene de las ganancias de capital de producción. Mientras el papel del hombre no ha sido completamente reemplazado en la economía liberal por la máquina, será desigual. Incluso en este caso, aumentos en la producción, material y espiritual, debe ser seguida por un aumento en el número de herramientas (el efecto bumerán) para responder a infinitas *nuevas necesidades humanas.*

El problema del actual sistema económico liberal viene del hecho de que el dinero desmaterializado por su representación escrita en forma de boletos a pesar de la prueba fallida de los assignats y se convierten casi en su totalidad escrito en cuentas bancarias. Es relevado de la constancia y la consistencia que le dio su peso del metal. El sistema monetario cíclico trabaja continuamente impulsada por la creación de dinero. Casi meteórico crecimiento en el suministro de dinero en circulación proviene del hecho que nada excepto las crisis, desacelerando. Dinero se convirtió casi autónoma en sistema económico: continúa, siempre iniciados por la fuerza de trabajo, independientemente de la forma física o intelectual, sino siempre amplificada por su propio funcionamiento. Ciertamente el poder intrínseco del dinero existió a partir del tiempo que físicamente fue representado por partes duras, pero la riqueza producida creciente gradualmente a escala-down por la longitud de las transacciones y transporte lento y difícil, son los más importantes. La aparición de los billetes fue inevitable debido al desarrollo de los mercados y los premios de desaparición y otras fronteras del mercado, los obstáculos que se oponen a su extensión. Los bancos, aconsejó contabilidad intermediarios se han convertido en una pieza esencial en el movimiento de dinero que se propaga ahora con un solo clic. El riesgo cambia de forma: no puede garantizar su transmisión perfecta y final en todas las circunstancias. [75]

Se confirma así la explicación sistémica de la expansión monetaria en expresiones bien conocidas que "el tiempo es dinero", y que "el dinero va para el dinero. En este caso prioritario a los negocios y las finanzas.

Epílogo

Llegamos al final del estudio del funcionamiento de la economía iniciada por su brazo mecánico, extendido por el aspecto psicológico del comportamiento esencial de los actores, la población de los compradores. Volvería a estudiar su evolución en la esfera social. Algunos llamada social y política económica de solidaridad.

Hemos visto que el efecto perverso del sistema plateado liberado aparece en desarrollo así como beneficiosa puramente social (inversión) que por depredación. ¿Es inevitable el rescate del progreso?

Homo aeconomicus inmaterial necesita tiene que cumplirse que las necesidades materiales. Es decir, todo lo concerniente a los valores espirituales como el placer, amor, arte, entretenimiento y cultura en general, ocio, salud y todos los servicios que permiten al hombre para escapar de la condición humana y sostener aún más bienestar material. No es casualidad que también son *productores* en el campo del entretenimiento. ¿Cuántos nuevos puestos de trabajo en esta área aplicada, por ejemplo en la televisión? En todos los ámbitos privado y público para gestionar el diario, más complicado sólo por todos los efectos secundarios acumulativos, fuentes de problemas, los actos de las compras de la población, será necesario encontrar a especialistas capaces de ayudar en el manejo del diario. Esto obligará a contratación en el sector privado más administradores de empresas y los públicos más funcionarios municipales y nacionales para aplicar las leyes y reglamentos que son más numerosos.[76] parece normal para aplicar las reglas que se encuentran en el análisis de la producción material: la moneda circulante que hace tránsito bienes materiales también figura este tipo de valores que vienen de la mano de obra.

Si es posible saber el costo de los valores intangibles producidos, es imposible cuantificar la satisfacción proporcionada a la población, porque es por definición totalmente subjetivada. Este tipo de necesidades a satisfacer es infinita como es la imaginación de los productores que recupera a procesar. Los valores de los servicios incluidos en el PIB, completar más ventas de la producción de bienes materiales que van disminuyendo o estancamiento. Por ejemplo, la necesidad de protección física, el hábito debemos añadir persona del cuidado. En necesidad de comunicación tales como el transporte físico es también la necesidad de proporcionar valores sociales comunes universales. El hombre es un animal social que necesita para expresarse (nota 49).

Satisfacer y transmitir estas espiritual necesita a un precio. El volumen de la masa monetaria generada aumenta inevitablemente y tiende a asumir el control de las producciones físicas que alcanzan niveles excesivos en nuestros países occidentales. Informes de crecimiento y mecánicamente debe contribuir a crear nuevos puestos de trabajo. En este caso debe ser siempre promovió. Esta moneda no es necesario un montón de recursos energéticos naturales. Prácticamente no tiene efectos adversos sobre el medio ambiente.

La estrategia de la oferta es incitación para satisfacer las necesidades esenciales, antojos secundarios y más que se derivan, se estiman como más importantes. Este deslizador se dirige en negocios de prioridad. Doctrina básica del liberalismo que están impregnados con los actores y tomadores de decisiones en el sistema que explica los errores y las crisis económicas tan sociales cuando los flujos de efectivo no están armoniosamente, actuación llevó a progresar. La estrategia de la demanda, llevaron a los gastos como lo ha defendido constantemente J.M. Keynes. Debería ser una prioridad porque eso directo. Es más eficiente que la inmediata porque. Un crecimiento suficiente constantemente regulado, alimentado por los flujos de la petición de los compradores y complementado con los de la oferta de negocios, finanzas, perfectamente proporcionado, puede sólo permiten para alcanzar término de pleno empleo. Crecimiento, por lo tanto controlado[77], es el único camino hacia el progreso.

La economía del progreso es la forma socializada del evolucionismo. Es por ello que no podemos explicar por qué y cuando lleva a cabo un cambio fundamental de un sistema cuando se ejecuta a sí mismo sin encontrar obstáculos. Aunque no se sabe cuándo, por qué apareció una nueva especie animal. Este efecto de la evolución social y económica es conocido: el cuantitativo, llegó a un cierto umbral, los cambios cualitativos. Este efecto cualitativo aparece en un nivel cuantitativo cuando usted puede formalizar los objetos en diferentes categorías. Usted puede comparar este cambio, en el proceso conocido como el efecto mariposa. El cambio cualitativo es una creación que se refiere a menudo (incorrecto) de espontánea es un efecto umbral simple que depende del tiempo.

La calidad es del orden de la percepción humana. Quita todas las posibilidades de análisis de las estadísticas. La calidad es un aspecto de la economía social que escapa el cifrado cuantitativo. ¿Cómo lleva granos de arena así que podemos decir que portátil es un *puñado* de arena? Es una apreciación que permanece aproximada porque subjetivada. No podemos explicar realmente por qué y cuándo llevó a cabo un cambio cualitativo del resultado estadístico cuando los efectos secundarios son acumulativos durante algún tiempo. Todo ocurre como si la presión ejercida sobre una masa de objetos podría, llegó a un cierto umbral, cambiar la apariencia. Visto de esta manera la economía nos separa de los economistas ortodoxos que ven sólo la verdad de las figuras con el pretexto de que un kilo de plumas es igual a una libra de plomo. El realismo de vivir de los keynesianos contra ortodoxo abstracción dogmatizada por los monetaristas anglosajón. Macroeconomía *normal* cara rudimentaria Microeconomía de pequeño contador quien jura por el presupuesto y su equilibrio.

He mostrado que es posible actuar de crecimiento mediante el control de la circulación de la moneda a sabiendas inversiones dosificador de estas fuente de dinero para asegurar que estas fuerzas son significativas, pero sin los excesos que podrían romper el equilibrio de la presión interna en la tubería de la izquierda. Es todavía posible a la completa falta de nómina por esfuerzos presupuestarios. Dar prioridad al gasto también fue defendida por Haavelmo[78]. La determinación cuantitativa debe tener en cuenta el momento más propicio para actuar en un sistema en constante evolución. La prioridad, en cuanto a inversión debe hacerse teniendo en cuenta la reactividad, que obviamente depende de la evaluación de la población y otros agentes económicos. Así el "bienestar" dicho Estado debe aumentar los subsidios para la población, y especialmente obligar a las empresas a aumentar la baja los salarios (SMIC) incluso si está llena de compensar sus nuevos cargos recurriendo a su presupuesto. La oferta de préstamos bancarios seguirán automáticamente la aceleración de la actividad. La confianza entre la población, si aumenta la nómina en prioridad, hará el resto, es decir, resultado del crecimiento y, por extensión lógica, empleo se seguirá (Figura 3), que a su vez aumentará liquidez, así que la riqueza, etc..

El funcionamiento de la economía no es mecánico, aplicar una fuerza humana a una herramienta, depende de decisiones que no sabemos lo que van a producir en realidad. Si al final que ellos se ajustan a lo que esperamos. ¿Cómo se comportarán los compradores? ¿Cómo van a evaluar la situación general que admite o no confianza (Figura 2 y 3). Como nos hemos acercado a él también, no se sabe realmente cuando una empresa cambia y avanza, cambios "en la naturaleza" mediante el cambio de tamaño. Esta es la razón por qué encontré este estudio sobre la macroeconomía demostrando que fluctúa según factores tanto psicológicos como física. Lo que impide tomar decisiones monetarias lógicas, puesto que son las únicas fuerzas que pueden conducir a priori[79]. Ultraliberalismo, es que la continuidad del sistema liberal, amplificado y descontrolado, llegó a un umbral donde cambia calidad: no hay nada realmente nuevo desde la década de 1980 donde finanzas habían tenido éxito en persuadir a los gobiernos a abandonar el keynesianismo como una determinación monetaria a favor de los bancos y los prestamistas financieros. En particular, disminuir la inflación, denominada perjudicaran a la población mientras que era principalmente para el último. Era suficiente que permanece dentro de un promedio aceptable. Allí también la importancia de los volúmenes. Hay no exceda el umbral. Para los países europeos, este riesgo se ha convertido en bajo. Disminución de la inflación, mediante el bloqueo de la creación de dinero por parte del estado, resultó la reducción del crecimiento y el aumento de los déficits y la deuda soberana. La creación de la masa monetaria simplemente ha desviado en beneficio de los bancos que ese hecho solo fueron capaces de tomar el poder del estado. Donde vemos que la lucha contra la inflación llevó a la deflación y la pobreza.

¿Por qué, el hombre se ha incrementado en los países desarrollados rápidamente para unos pocos siglos, no en la vida de servicio? ¿Gracias o a pesar del dinero? Pueden controlar los efectos perversos depredadoras que lo acompañan. ¿Este doble aspecto, la violencia y el progreso, es una realidad permanente del monetarismo, a veces denunciado por algunas religiones, católica, judía y musulmana, pero-esto es una coincidencia? admitido por protestante puritano y pragmática anglosajona que justificaría su moral, a través de rigor de objetividad (?) de las figuras. Realismo, (qué realidad?) sería la única verdad de la economía: el interés en los dos sentidos del término conduce el mundo dicen. El dinero sería un regalo de Dios[80] que usted necesita saber para gestionar económicamente en la austeridad y, si es necesario, por la fuerza de la ley. Entonces se considera ser un regalo de Dios para preservar y manejar en todos sus Estados. Por lo tanto debe dejó este golpe de suerte, conforme a su voluntad sin intervención. Depredación, sería tan admitida, sin preocupación por la violencia que genera cada especie viviente para su supervivencia en permanente competencia con otros. Intransigente de la pureza de los luteranos contra la tolerancia de la ilustración (Voltaire). Esto es olvidar que el dinero es pura invención humana.

La solución liberal anti marxista estaba dirigida a eliminar las desigualdades depredadoras que el sistema comunista de la URSS intentó aplicar mediante la eliminación de la propiedad privada de los medios de producción. Pero la moneda ha seguido circulando, aunque lentamente, pero que aún produce su efecto secundario desviada: son aquellos que fueron colocados en el circuito de dinero, acorralado sus escasos recursos. En la producción se ha visto obstaculizada, particularmente como que no pues ha dirigido debido a la falta de medios de información de la dirección central económico insuficiente. Precios y salarios se decretó, la falta de atractivo de la posesión suprimieron la creatividad individual dirigida a la empresa y la emulación de la competición. La corrupción tiene sistema de gangrena que, debilitado por la falta de poder de giro monetario de propiedad privada, no sólo para secadora para usar su inigualable. Inercia se convirtió en la regla.

Sería el retiro total de la circulación monetaria. Es suficiente que el dinero sólo escritural es administrado por pago con tarjeta electrónica, presupuestado según los salarios de los trabajadores que de todos modos seguiría siendo modulados según las necesidades y capacidades de cada individuo. La única eliminación de producción privada fue insuficiente. Deberías dejar el flujo de dinero, herramienta de medición de los valores, de mantener sólo el valor de la unidad (Decreto) para comprar los productos, sin sus valores financieros, único propósito cuenta las cantidades a producir. Esta política económica, gestionada por una centralización de potentes computadoras, estaría en armonía con las necesidades actuales. Cualquier propiedad ser abolido, un préstamo es posible sólo para alquiler. Todos los servicios sería libres. Cualquier acaparamiento capitalista sería imposible si el saldo de las cuentas (circulación monetaria) fue detenido en cada pago de los salarios sin posible informe (mensual)?. El circuito monetario del dinero sin retorno de las ganancias de capital y sin acumulación, perderá sus efectos nocivos de la indicación del valor de las mercancías. La economía podría ser más ponderada más humano (no), sin la violencia de los bienes transportados por dinero. Por supuesto este escenario, totalmente prescriptivo, es posible sólo después de haber alcanzado el pleno empleo: permanecería sólo la fuerza de trabajo para que funcione la economía (en la figura 3, tiene que permanecer en el estante superior): retorno a la virtuosa técnica trueque y sus excedentes no financieros. Este escenario utópico es cierto, eso no quiere decir poco realista, pero quizás solamente avant-garde, es posible si todos los países extranjeros accedió a practicar el trueque de una moneda universal ajenos al mercado.

Aprovechando el fracaso de los comunistas soviéticos, los liberales se apresuraron a deducir que sólo su sistema liberal era válida. Pero esta vez es ultra liberalismo y su excesivo monetarismo, que las crisis en ataques cada vez más fuertes, condujo hacia el fracaso[81]. Para el monetarismo de la escuela de Chicago: la crisis es normal, se desplomará todo solo, sólo espera que el balance es entre el gasto productivo y poder adquisitivo real. Así que no hacer nada. Lástima por los que sufren las consecuencias, consideradas preliminares, este ajuste. El pasado muestra que los accidentes en el curso de la historia - hambre, accidentes naturales de la evolución, revoluciones y, por supuesto, las guerras han sido retrocede la actividad humana, sino que reanudó posteriormente reconstruir sobre nuevas bases. El dogmatismo de los "Chicago boys"[82] se basa en este argumento, no no cuenta de las posibilidades humanas de control decretar que el estado no debe intervenir. Dejan el mismo sistema de atención considerando que hay un autocontrol debido al factor humano: dogma de la eficiencia del sistema a través del actor de "libre empresa" atraído sólo por la codicia para operar la máquina[83].

Sin embargo "que sea" la conducta de un país no puede ser deducida. Con respecto a un sistema de ajustes dirigidos pueden evitar las crisis y desarrollar armónicamente al país. Otro monetarismo es posible, si usted controlar el flujo de efectivo como se ve. América es ante todo un negocio. Ella acepta las ventajas y desventajas.

"Ahora era el momento donde países ricos espigados industrias, tiendas frondosas habían descubierto una nueva fe, un proyecto digno de los esfuerzos apoyados por los seres humanos durante milenios: hacer del mundo un enorme y la empresa» [84]

Dinero debería considerarse como una palanca de crecimiento sin efectos adversos. En el capitalismo productor que en el capitalismo financiero, porque este último sigue siendo necesario en el sistema liberal. ¿Qué excesiva la financiarización de la economía sería necesaria para la evolución, para el progreso humano, si destruye una parte de la humanidad y sus recursos, tanto o más que construyó?

Los sistemas de ley de beneficios contra las desventajas, es una ley universal experimental. Fue allí que no es posible cambiar el Interior un sistema actualmente en ejecución (véase el recuadro 3). Trayectoria que ha sido diseñada para el origen del sistema es modificable sólo enfrenta a fuerzas externas. Nada es menos inteligente que una herramienta. Sólo cuenta las intenciones de los programas diseñadas por el hombre, que puede cambiarlo informado por proporcionar para el uso: cambiar la configuración que se ejecutan.

Dinero desde su creación ha tenido la ventaja de materialmente la humanidad avance a una velocidad exponencial a ser desde la industrialización. Pero el capitalismo que ha generado ha aumentado a la misma velocidad de la depredación que se caracteriza por una gran parte de la humanidad. La abolición del capitalismo al mismo tiempo eliminar estos depredación del precio probable de una fuerte desaceleración en el progreso material[85]. Pero sin final[86] en llegar a esta posición, es posible corregir, estas depredación tan pronto como aparezcan. El poder del capitalismo viene desde el momento de ahorrar ese dinero para ir. Es un parámetro esencial que contribuye a la fuerza de trabajo. Con el control de este componente vital, es posible controlar los volúmenes y destinos de los flujos financieros para controlar la velocidad.

Que tendría la ventaja de mantener la calidad del progreso material, se convierten en menos curso rápido, pero sin las desventajas de la velocidad expansionista de los mercados. Bastaría para redirigir flujos, cada paso en 4 lugares de tratamiento en una dirección más justa para la población, preservar los recursos energéticos, por control de calidad se ha vuelto visible por separado los flujos financieros.

El hombre social normalmente tiene los medios para intervenir en un sistema, que es el autor, para controlar y redirigir a los desviados. Entre otras cosas, para corregir al ultraliberal tendencia de la economía iniciada en Francia en la década de 1970 y ampliada en 1983 a la disciplina de contabilidad más reductiva. ¿Debemos dejar[87]? ¿Así que esperar pacientemente mejores días o una gran agitación social que ocurre según Edgar Morin, - organización, desorganización y organización - después de cada destrucción necesariamente? Pero ¿qué organización? ¿Democrática, o dirigista tan dictatorial? O recuperar el control antes de llegar a tal agitación, lo espero siempre los seguidores actuales de una economía humanista[88], social y solidaria (ESS), de alguna manera a largo plazo que no son conscientes.

---

[1] donde el Adagio "Compro, hace caminar comerciales" que describe la economía real con buena sensación popular.

[2] la libertad empresarial. Pero inclusive la competencia entre empresas dogmatizada en sistemas poco controlables.

[3] promedio, estadísticas, gráficos, porcentajes.

[4] segundo principio de la termo-dinamización. Véase el recuadro

[5] por ejemplo el productor del espectáculo.

[6] Stéphane Lissner - cara al aislacionismo, arte de desafío contra el miedo - (el mundo - 24 de noviembre de 2014)

[7] la complejidad proviene de la interconexión de los sistemas y subsistemas en cuestión.

[8] por ejemplo, ¿por qué frenar la inflación.

[9] es la dinámica del monetarismo.

[10] otro ejemplo de círculo 'vicioso' que es difícil salir sin intervención externa.

[11] eliminar simplemente lo obligan a depreciar el balance esta ingresando como valor perdido permanentemente. (Ganancias y pérdidas)

[12] prestado se supone para evitar la facilidad que le da la posibilidad de crear la moneda, así que para cambiar la inflación por exceso de gasto. Razonamiento falso demostrada por los hechos.

[13] algunos años atrás, con los acreedores occidentales, incluyendo el Francia, han acabado con las deudas soberanas de algunos países pobres de África. No correspondido.

[14] el estado penalizado por el interés sobre el préstamo iba a ser menos extravagante. Vemos que no es nada.

[15] la cifra de inflación es un promedio. Sospechoso porque no tal lo que se aplica a todas las categorías de la población, sólo puede ser una indicación. Especialmente si los valores tales como salarios mínimos o las pensiones están indexados a él. A pesar de la "pulgada" al azar decidida por los gobiernos.

[16] era importante hacia el final de la década de 1970.

[17] generalmente dependientes de las administraciones públicas. Pero, actualmente, del Banco Central Europeo (BCE), que es independiente desde sus inicios.

[18] cada información es digitalizado por valor y representa una parte de la energía en el planeta: la fuerza desplegada por la actividad humana.

[19] la nómina representa en Francia aproximadamente el 60% de la oferta monetaria General.

[20] no es por casualidad que esto indica un exceso de la tasa de interés por parte de los prestamistas (usureros).

[21] La segunda ley de termo dinámica es autodestrucción también presentadas por ecologistas, predichos desde el comienzo del siglo XX por algunos evolucionistas cuyos economistas Georgescu-Roegen.

[22] es como 'medidas' adoptadas por las autoridades políticas, no son siempre el fruto esperado.

[23] esta palabra adquiere su importancia, en las figuras 1-2-3. En sentido figurado es sinónimo de "pertenencia". Pero

con su significado en el reino físico, introduce el concepto de desplazamiento. En este caso se refiere a las relaciones de aspecto imponderable entre los movimientos de los dos sistemas.

[24] esta palabra es notable porque él también da.. .siente la evolución, desde el "big bang" que va de cálido a frío (cuadro 1)

[25] el proceso es deductivo. Basado en los resultados que pueden publicar solamente en las probabilidades futuras. Mientras que nuestro método es inductivo, no compromete el futuro en las premisas para modificar si es necesario los resultados.

[26] proporcionada por INSEE y otras organizaciones como Intersat, Wikipedia, OECD, etc.

[27] también acentuada por el crédito del agente financiero

[28] contrariamente a lo que se piensa generalmente, grandes superficies no eran un factor de crecimiento económico, en lugar de eso destruye los empleos en las pequeñas empresas ayudaron a su frenado.

[29] Marx lo distingue el valor de uso.

[30] si las deudas del estado se derivan de las inversiones, o incluso directas asignaciones a la población, puede reabsorber término debido al crecimiento que generan.

[31] a veces un efecto asociado para frenar los excesos de gasto perjudiciales para el medio ambiente.

[32] la llegada de los tractores y maquinaria agrícola a los Estados Unidos han jugado un papel importante en la gran depresión.

[33] la abolición total de la especie daría cifras exactas. También tendría la ventaja, por banca electrónica, para eliminar el tráfico subterráneo, droga, pluriempleo, depredación blanqueo y otras.

[34] véase también figura 3: transferencia de dinero a la fuerza 'recto' de la producción, el efecto del movimiento "circular".

[35] sujeto a recursos suficientes y sus efectos secundarios, control de residuos, si es de algunos bienes materiales.

[36] el aumento de población es un factor de aumento de crecimiento inflacionario. Está creciendo la demanda agregada.

[37] sin embargo excluye gastos de origen secundario del sistema, es decir, el desgaste intrínseco del dinero circulante, que no sería compensada por un reajuste del valor de los bienes que representa. Por ejemplo, obsolescencia y la destrucción de las armas.

costumbres [38] en la entrada de las ciudades.

[39] materialismo histórico, que no toma en cuenta los avances en el campo de los servicios, incluyendo la protección de la salud.

[40] la teoría liberal que sentían que el dinero gastado ricos, finalmente llegan a los pobres, en una economía cerrada. Que no tomó considerables ahorros en la cuenta.

[41] las tres partes interesadas en este sistema son tres sistemas como tres hijos llamados nudo gordiano. No se puede resolver, para armonizar, si lo hace en un solo cable el otro decidido dos. Rebanada es la solución.

[42] el caso de los "treinta gloriosos años" en Francia en el año 60-70.

[43] la única manera es la presión de la huelga. Pero sólo un movimiento del conjunto puede ser eficaz. Las grandes empresas tienen los medios para resistir debido a su poder y la diversidad de sus subcontratistas.

[44] del cuales deslocalizaciones.

[45] construir la primera máquina para calcular el mundo, Blaise Pascal, no podía haber previsto, a pesar de su genio inventivo, que estaría en el origen de una extraordinaria agitación universal unos trescientos años más tarde. De hecho su máquina puso en acción un sistema mecánico de bielas y engranajes para obtener automáticamente el resultado cifrado cálculos hasta entonces obtenida

manualmente se reproducen en nuestro tiempo, utilizando sistemas electrónicos que obtener resultados a la velocidad de la luz gracias a los equipos. Éstos también se llaman calculadoras originalmente y luego computadoras en francés, pero todavía 'PC' en inglés. Macroeconomía, hecha de miríadas de intercambios, resultados tan estadísticos, por lo tanto puede ser procesado automáticamente por las computadoras. La enorme complejidad de los subsistemas anidado dentro de dichos intercambios diarios de lo contrario haría la tarea casi imposible.

[46] un ejemplo actual: comercio digital basado en la invención de la electrónica.

[47] la mayoría de productos tienen una vida variable (curva en forma de campana)

[48] este fue el caso durante los "treinta gloriosos".

[49] la necesidad de expresión fue detectada hace 300.000 años, así que en la primera aparición del homo erectus: rastro en un shell (ciencia y futuro de diciembre de 2014)

[50] el "New deal" Roosevelt en parte dado sus frutos, gracias a la excepcional persuasión última destinado a reconstruir la confianza en la capacidad del país para encontrar la dinámica de crecimiento. Es cierto que la tendencia para propulsar las armas de los Estados del oeste frente a la Alemania que hizo lo mismo era un elemento favorable para la recuperación.

[51] el ejemplo de los "treinta gloriosos" en Francia muestra que la población no ha sufrido las consecuencias adversas de la inflación. En cambio el poder adquisitivo medio aumentó un 5% por año.

[52] estadísticas disponibles a través de organismos como el Tribunal de cuentas el ISEE, Eurostat, la OCDE.

[53] en promedio 15% de las ganancias se requiere de la negociación. Isabelle Pivert (el mundo diplomático, de marzo de 2009): la religión del quince por ciento.

[54] garantías ahora relacionadas con las notas de las agencias de calificación.

[55] las reglas dicen Basilea III, Consejo de administración encargado de regular el funcionamiento de los bancos.

[56] le Monde diplomatique, marzo de 2010

[57] Asociación para la tributación de las transacciones financieras y la asistencia a los ciudadanos

[58] el libre comercio en bienes conduce a la prosperidad. Principio que surgió en el siglo 17^e (Adam Smith) y seguido por otros liberales como Turgot.

[59] doctrina de algunos economistas, incluyendo John Williamson, de 80 años que juran por el mercado (conocido como autorregulador) gratis y no falsas. El estado no es una empresa, debe intervenir, sólo para ser privatizados. Incluyendo la protección de los individuos.

[60] en su lugar durante los "treinta años gloriosos", el nivel de vida de las clases sociales en Francia ha aumentado en aproximadamente un 5% por año. ¿Qué es considerable y caracteriza a los países emergentes.

[61] allí son dos las especulaciones, que pretende ser el aumento de la fuerza de producción, y cuya finalidad es aumentar el poder depredador de las compras de algunos de los que se convierte por ese solo hecho. Los financistas proporcionan un suplemento 'poder de adquisitivo' aparente por el crédito. Pero este sistema - herramienta poderosa enteramente por el ahorro de tiempo - es variable y puede ser incluso fuente de desastre si los prestatarios capacidad adquisitiva es demasiado débil para traer las vueltas confiables. Véase el subprime crisis ".

[62] la competencia y la codicia condenado por J.Stieglitz (el triunfo de la avaricia - acto del sur)

[63] debe practicar la eutanasia censualistas J.M. Keynes dijeron

[64] fue vanguardista en el momento donde Einstein - Qué casualidad - por su parte, abrió las relatividades y General en el mundo de la física.

[65] excepto en períodos de fuerte crecimiento, durante el cual trabajo necesita presión fuerte a contratar. Caso del auge de la posguerra.

[66] sólo bajos ingresos así no ser ninguna dispersión de los valores a los ahorros. El salario mínimo se incrementaría aproximadamente 8%, y su indexación permanente aumento de la inflación de un nivel ligeramente más alto. De hecho debe tener en cuenta el período anual durante el cual las ganancias varían no nominalmente. Esta medida de probidad económica debe ser consagrada en la Constitución. El estado debe indemnizar completamente estos nuevos cargos a las empresas (cuando se introdujeron las 35 horas, el estado ofreció empresas sumas compensatorias)

[67] el catch-up anual simple, a pesar de algunos "centímetros" es insuficiente.

[68] combatir las desigualdades, hacia abajo como fuente esencial de las recesiones.

[69] conjunto de convenciones que regulan el funcionamiento de la banca internacional.

[70] Grandes compañías serán desmanteladas o nacionalizadas o compartidas por el público y el privado incentivos a favor de cooperativas, empresas de economía mixta. Algunos autores como Takis Fotopoulos llaman largas. Al final de 2009, allí eran 1.925 sociedades cooperativas y participativas, unirse a la Confederación de los trabajadores de Scoop juntos 40 424 excluyendo las cooperativas filiales y más de 50.000 incluyendo estas subsidiarias. Al final de 2008, el número de primicia fue 1 893 y 929 39 empleados. Después de 15 años de crecimiento sostenido, la primicia son progresar más allá de + 1,6% y 1,2% en puestos de trabajo en 1 año. Pero este aumento fue menor que

en años anteriores. En términos de creación, 165 Scoop nacieron en 2009, contra 194 en 2008, independientemente del origen de la creación (ex-nihilo, resucitaciones y los tiempos de las empresas en dificultad, transferencia de empresas sanas y transformación). El número de puestos de trabajo correspondientes supera los 1.000, un nivel idéntico de 2008, o incluso ligeramente superior. En el largo plazo, la tendencia es claramente a aumentar desde el apilamiento de los cinco años 2005-2009, 920 Scoop y 166 6 nuevos empleos fueron creados todos los orígenes combinados, contra sólo 661 Scoop y 172 5 puestos de trabajo durante los años 2000/2004. (http://www.scoop.coop/chiffres-cles-scop.htm)

[71] ventaja cada vez menos frecuente.

[72] eliminación de beneficios especialmente indecentes (sombrero de las pensiones, etc.) o por lo menos leer en ecus posiblemente disminuir el valor en el momento del intercambio en francos.

[73] este proteccionismo, que sería peligroso a nivel internacional, a veces es considerado como la causa del estallido de la guerra 39-45, mientras que era sólo un pretexto por parte de Hitler (espacio habitable, Mein Kampf). Hay abuso de lenguaje.

[74] superar el capitalismo es la meta de los editorialistas del libro capitalismo Post (AU Diable vauvert). Existen interesantes perspectivas, pero nadie está considerando seriamente marxismo completo que debía eliminar la propiedad de la libre empresa. La economía keynesiana incluso es repelida por Michel Onfray ya visto como simple reformismo, liberalismo izquierdo. Lo que en realidad podría ser el caso hasta la década de 1970. Sin embargo, es en nombre del pragmatismo que recomienda la proudhonisme, la emancipación civil, basado en gran parte en autogestión, ciudadano económico. Lo que propongo además. Este sistema político tendría precedencia sobre el hegemonismo ultraliberal.

[75] una inexplicable "bicho" llegó en el mercado bursátil recientemente, con consecuencias peligrosas también que una crisis, dadas las sumas en cuestión.

[76] más de 1 mil por año.

[77] según su contenido cualitativo a favor de la ecología. Posible por los sistemas de tributación y bonu-malus

[78] el Premio Nobel "de 1989".

[79] un crecimiento armónico asume esa liquidez dosent interesados en ubicación y la cantidad adecuada y en el momento adecuado para evitar el choque o el exceso de liquidez. Lo que obviamente implica normas adaptadas a las circunstancias.

[80] en los billetes y monedas de un dólar que dice "In God we trust"

[81]

[82] la escuela de Chicago, donde se elabora la doctrina de 'let' que Milton Fridman fue el iniciador.

[83] este dogma se formalizó bajo el nombre del llamado "Consenso de Washington" todo privado y no - intervencionismo del estado. Pero este principio sólo se ha actualizado mal desde la crisis de las hipotecas subprime con la intervención masiva de liquidez de la FED bajo la orden del...Washington.

[84] René-Victor Pilhes - "la maldición". (Le seuil)

[85] emulación que dan a la codicia y la competencia entre empresas, libres y sin distorsiones, incita más a menudo son los argumentos principales del sistema liberal.

[86] el único retiro de los medios de producción privada ha demostrado su insuficiencia. Podría lograr un dinero "granizados". Pero nunca haber experimentado a nivel nacional, no se puede decir su sostenibilidad.

[87] la doctrina desarrollada en parte llaga debido a las intervenciones de la mayoría de los Estados interesados controlar la crisis actual, incluyendo algunas

nacionalizaciones y especialmente la ayuda para los bancos (EDG-Bretagne, Francia, Estados Unidos). [88] Como Joseph Stiglitz, Paul Krugman (todos los dos prizes «Nobel» americano) Jacques Sapir, Frédéric Lordon, Paul Jorion y otros, cuya cultura y conocimientos económicos también son sociales.